JN410518

Lim Bong-Joo

시인 임봉주

풀잎은 나부끼고

* 이 책은 2014년 인천문화재단 창작기금을 받아 제작되었습니다.

임봉주 시집

풀잎은 나부끼고

Poetics 시학

■ 시인의 말

내 길은 어디에 있을까
태양이 이글거리는 사막에서
폭풍우 치는 벌판에서
별빛 총총히 쏟아지는 강가에서
때로는 헤매다
때로는 생각에 잠기다 가야만 할
나의 길
내 길은 모란꽃 길도 아니리라
내 길은 장미꽃 길도 아니리라
이름 없는 풀꽃의 긴 여정
나의 길은
애달프고 힘든 길일지라도
홀로 생각하며 짚어 보며
가야만 할 길

2014년
임봉주

차 례

제2부

제3부

제1부

실레네 스테노필라

꽁꽁 언 얼음 땅에서
삼만 이천 년 동안
부활을 꿈꾸며
질긴 생명력 의지 간직한

벌집

도시엔
2층, 20층, 40층
수많은 벌집들
태양이 떠올라 벌집 비추자
일벌들은 꿀 모으기 위해 부지런히
길 나선다
여왕벌 몇몇 집을 지키고
바람이 지나간다
구름이 언뜻언뜻 흘러간다
태양이 천천히 서쪽 바다로 빠져든다
밤의 여신이 어둠 거느리고 와 나래를 펴자
벌집에 등불 켜진다
방 하나에, 방 둘에
수많은 방들에 등불 오른다
눈물겹도록 찬란한 도시 밤 풍경
하지만 가슴 깊은 곳
이 비애는 어디서 오는가
산중턱 청학사靑鶴寺 앞마당에 잠 못 드는
벌 한 마리로 서성거리는 나

풀잎은 나부끼고

바람 부는 날 들판에 나서면
물결치는 연가
난, 유월의 풀잎이에요
여리지만 여리지 않은
바람에 나부껴도 결코 꺾이지 않는
서풍이 불면 머리채 흔들려 동쪽으로
동풍이 불면 머리채 흔들려 서쪽으로
이리 흔들 저리 흔들 휘청거려도
난, 결코 나이길 포기하지 않아요
폭풍우 지나면
미풍이 불어와 흐트러진 머리칼
곱게 빗어 줄 거예요
해님이 젖은 옷 말려 줄 거예요
내가 흔들리는 건
실은 바람 때문만 아니랍니다
보낼 길 없는 마음속 연정을
바람결에 실어 보내는 거랍니다
임은 아실까요?

이토록 애달프게 나부끼는

내 그리움

뭍에 사는 물고기

물 떠난 물고기는 물이 그립다
돌아갈 수 없는 그 강江에
생애生涯 한 시절 있다
물이 나를 버리지 않았으나
내가 스스로 떠나온 길
햇빛 좋은 날
강 언덕에서 가만히 내려다보면
흐린 물속에서도 물고기들은 그럭저럭 살아가는데
젊은 날 알아 버린 생의 허무
내 방랑은 끝이 없네
다시 강줄기로 회귀할 수 없는 건
바람의 혼으로 떠돌고 싶은 갈망
마지막 남은 촛불 꺼 버릴 수 없는 애틋함
그것만은 아니다
'너는 너의 길을 가야 하느니'
두륜*의 영봉 우러르며 새겼던
젊은 날 예언처럼 꽂힌 그 말

내 안에서 옹이처럼 자라
문득문득 나를 부른다

---

* 두륜 : 해남 두륜산.

직박구리

가을이 깊어 가
낙엽 내리는 숲길 거닐면
삐익~ 삐익~ 삐에르르
아득한 태곳적 내 영혼의 울림 같은 소리
어릴 적 친구들 다 모여라
날 부르는 소리
그래 너희들은 벌써 세상사 버리고 갔구나
인간의 형상 훌훌 벗어 버리고
홀가분히 한 마리 새로 태어났구나
떠돌며 떠돌며 굽이굽이 삼천리강산 유람하다
예까지 찾아왔구나
그러자꾸나 나도 머지않아 세속의 옷 벗는 날
자네들 무리에 어울려서
단풍잎 곱게 물드는 산천 따라다니며
나래 펴고 훨훨 유람이나 하세나
삐에르르~ 삐에르르~
영혼의 뿔피리 소리 날리는
직박구리야

엉겅퀴

분이는 주정뱅이 노름꾼 딸로 태어났다
조실부모早失父母하자
허드렛일로 끼니 때웠다
가슴엔 늘 공허한 바람
숭숭 뚫린 구멍 사이로 돋아나는 가시
함부로 날 건드리지 못하게 해야지
해가 갈수록 앙칼스럽게 자라는 가시
열여섯 젖멍울은 빨갛게 부풀어 올라도
아무도 범접하지 못했다
사랑을 알지도 못한 엉거주춤한 세월
잡초도 꽃도 아닌 채 엉거주춤한 풀꽃으로 살다
숫처녀 젖멍울 간직한 채 요절한
분이의 무덤 위에 피어난 너 엉겅퀴야
죽어서도 차마 활짝 피지 못하고
꽃망울 팍 터뜨리지 못하고
멍울진 가슴마다 아픔 껴안은 채
시들고 마는 너 엉겅퀴야
버려진 밭둑 언저리
우거진 길섶에 핀 엉겅퀴야

천리포에서

천리포수목원에는
천막 치고 밀어를 속삭이는 닛사도 있고
굿 잘하는 굴거리나무도 있고
인심 후한 후박나무도 있더라
종일 안개를 피우는 안개나무
언제나 다정한 다정큼나무
카멜레온 같은 삼색참죽나무
만병을 다스리는 만병초
향기 짙은 돈을 만드는 돈나무도 있더라
그러나 꼭 있어야 할 나무 한 그루
보이지 않아
허전한 가슴 한구석
물설고 낯선 이국땅 변두리
천리포에서 홀로 80 평생
나무와 결혼하여 나무를 보살피다
한 그루 신령나무가 되어
하늘로 떠나간 밀러 병갈*의 빈자리가 아쉬워
수채화 같은 풍경 뒤에 남겨 두고

그가 즐겨 듣던 파도 소리
목련 잎 흔드는 바람 소리만 주워
가슴에 담고 온다

---

* 밀러 병갈 : 천리포수목원을 만들고 가꾼 칼 밀러. 귀화한 우리나라 이름이 민병갈.

피라칸타

겨울 끝자락에서
자꾸 메말라 가는 이 육신
붙들고 병원에 갔다

의사 선생님 말씀
내 몸속 보일러가 과열되어
에너지 초과 연소 때문이란다

청량산 오르며
가쁘게 들숨 날숨 내쉬며
혼자 속으로 되뇌다
어찌하오리까 이토록 타는 가슴

하산 길에 마주친
청량산 아래 빈 기와집 뜰에는
알알이 빨간 보석 박힌 피라칸타 홀로
세상을 밝히리라
오롯한 염원 또록또록 반짝이네

너, 피라칸타야
깊은 밤이면 찾아와
내 가슴속 타는 그 잉걸불이지

그 섬에서

바다로 해 빠지고
막배 끊기자
섬에 또 어둠이 깔린다

스멀스멀 밀려드는 외로움

만남 또 헤어짐
영원히 하나일 수 없는
하나 아주 헤어질 수 없는 공간에
밀물처럼 밀려왔다
썰물처럼 빠져나가는 그리움

육지는 섬을 버리지 않았고
섬 또한 육지와 헤어지고 싶지 않았다
먼발치에서 서로 바라보며
숙명처럼 받아들여 온 삶의 인연 줄
손 뻗치면 닿을 듯한 섬에서 육지

수만 년을 그렇게
오늘도 그처럼 바라만 보며

뜬 섬 제주

백만 년 세월 흘렀다
망망한 바다에서 솟구쳐 오른 거대한 산
꼭대기에 백록담 만들고, 천지왕은
장수들이 진陣을 친 오름 거느리고
놀라 도망치던 고래 떼 뒤쫓아가
지구상에 위대한 족적足跡 남긴 지
백만 년
지금도 그 모습 생생하여
용두암 해변에는
불과 물이 부딪히는 육박전
펄펄 끓는 용암이 바다로 흘러가 굳어진
현무암 앙금 파인 곳마다
치열한 전투의 상흔인 칼자국 보인다
대포해안 주상절리대에는
수만 대군의 불퇴전 용사들이 천리마 타고
바다를 향해 돌진하다
시퍼런 파도를 앞세운 바다의 전술에 막혀
장렬히 전사한 채 바위로 굳어 버린 한라의 용사들

말발굽 소리 들린다
한 줌 권력을 쥐어 오만한 자들
몇 푼 돈을 모아 오만한 자들
지식이란 큰 가방 들쳐 맨 자들
모두 여기로 오라
지금도 화산이 맹렬히 분출함을 보라
용두암으로 오라
포효하는 용의 울음소리 들어라
여기 대포해안 주상절리대로 오라
땅과 바다와 하늘을 찢는 함성 들어라
유구한 세월
하얀 이빨을 드러낸 시퍼런 파도는 지금도
뜨거운 군마軍馬의 심장을 식히고 있음
보라
백만 년 세월이 한순간 꿈인 것

뜨락

봄비에

꽃잎 젖는다

길고 긴 기다림 끝에

목마른 그리움을 적시는 봄비

새록새록 내린다

비바람에 복사꽃잎 흩어진다

그리움이 꽃잎 되어 흐른다

검은 그림자

우리 서로 믿지 못하는 건
그림자 때문
양羊 떼들 무리 뒤에 숨은 늑대의 그림자
우거진 소나무 숲에서 빛나는 수리부엉이 눈동자
우리 서로 믿지 못하는 건
봄바람 속삭임 뒤에 숨겨져 있을지 모를
배신의 그림자
미소 속에 숨겨져 있을지 모를 검은 손길
우리가 믿지 못하는 건
사자에게 쫓기는 초원의 임팔라
범고래에게 먹히는 펭귄의 외마디 절규
보았기 때문
우리가 정말 믿지 못하는 건
무너진 삼풍백화점 잔해 밑바닥에서 발견된
리베이트라는 검은 쇠사슬
민주정의당이라는 간판 뒤에서 삼킨 수천억 원 비자금
"공정한 심사"라는 플래카드 뒤에서 지폐 흔들고
춤추는 어지러운 손 그림자 때문

실레네 스테노필라

꽁꽁 언 얼음 땅에서
삼만 이천 년 동안
부활을 꿈꾸며
끈질긴 생명력 의지 간직한
너 실레네 스테노필라*
사무친 염원 헛되지 않아
마침내 툰드라 지역
매머드 뼈가 묻혀 있는
콜리마 강 인근 지하 30미터 지층
땅다람쥐 굴에서
얼어붙은 채 잠들어 있는 너
전생의 질긴 인연 다하지 않아
기적처럼 발견되어 다시 환생케 하니
삼만 이천 년 꿈을 깨치고
다시 하얀 순백의 꽃을 피워 내는 너
날아갈 듯 청초한 기적의 꽃

실레네 스테노필라

---

* 실레네 스테노필라 : 패랭이꽃의 일종. 2012년 러시아 생물학자가 삼만 이천 년 잠든 꿈을 깨우다.

쌍둥이 물고기

쌍둥이 물고기는 하나가 아프면
다른 하나도 따라서 아프다
서로 다른 강줄기에서 살아왔지만
한 꿈이 다른 꿈을 만나
신혼부터
긴 세월 한 둥지에서 살아가다 보면
말소리 행동거지 서로 닮아 가고
모습도 같아진 쌍둥이 물고기
늘 가까이 있음이 지겨워 멀리 길 떠난 적도 있지만
한때 토라져 홀로 지낸 적도 있지만
짝 잃은 허전함에 곧 돌아오고야 마는
쌍둥이 물고기
나이 들어 갈수록 더욱 닮아 가
봄날 눈 녹아 흐르는 실개천도 같이 따라가고
물살 센 여울목 갈 때도 붙어 다닌다
쌍둥이 하나가 세상을 뜨면
다른 하나도 뒤따라 세상 뜨고 말
쌍둥이 물고기

봄볕 따스한 오늘, 동네 앞 지나
함께 아장아장 마실 간다

과일을 먹으며

한여름 복伏날
텃밭에 재배한 과일을 먹으며 깨달음
복수박, 복참외
내가 먹고 있는 이 맛은
과육에 꽂힌 찬란한 햇살이라는 걸
달콤하고 감미로운 과즙의 근원을 거슬러
올라가면
졸졸 흐르는 시냇물
흘러가는 뜬구름이요
염천에 쏟아지는 빗방울
과일이 잉태한 근원지를 따라가 보면
태초의 신비를 간직한 검은 흙, 황토 흙
수수만년 켜켜이 쌓인 아득한 들판이라는 걸
한 개의 과일을 키우기 위해 열가마의 햇살
한 개의 과일을 키우기 위해 열 동이의 물
그리고 100일의 달빛과 수억 별빛의 교감
신령스러운 안개의 부드러운 손길 있었음을
오늘 과일을 먹으며 깨달음

과일을 키우는 건 농부가 아니라
계절에 맞춰 우주가 애써 낳은
둥글고 예쁜 보석이라는 걸

새의 추락

오전 11시*
새 한 마리가 추락했다
땅바닥에 널브러진 거대한 새의 시신
터진 배 속에서 흘러나온 내용물은
아직 삭히지 못한 싱싱한 알갱이와
얼마쯤 삭힌 알갱이들
화려한 꿈이 포장된 박스들
가방들, 액세서리들
추락한 새의 등허리 쪽에선
검은 연기와 불길이 치솟았다
한여름 뜨거운 땡볕 아래
분주히 오가는 소방차들 구급차들
그 새의 추락 원인에 대해서
연일 텔레비전과 신문
인터넷 등에서 무수한 추측이 난무하다
인간의 욕망이 창조한 거대한 새
기꺼이 새의 창자 속 알갱이 된 종족들
새의 머리 부분 회로에 이상이 발생했다

착륙 시 발을 잘못 디뎠다
논란이 가라앉지 않는다
숨겨진 진실은
거대하게 새를 키워 날린 그 욕망 덩어리

---

* 새의 추락 시각 : 20130706.

노숙하는 새

화려한 꿈속을 비상하다
어느 날 갑자기
불황의 한파를 만나 추락
굉음이 낭자한 전철역 승강장에 쓰러져
새우잠을 자다
찬 기운 엄습하는 공원 벤치에서
석 달 밤 꼬박 지새웠다
나의 날개는, 나의 날개는?
쓰레기통을 뒤져 보아도 날개가 없네
나에게 필요한 건
동정 어린 한 끼의 밥, 아니다
찬 서리 막아 줄 솜이불, 아니다
그리운 집으로 돌아갈 날개가 있어야 한다
일하던 직장으로 돌아갈 날개가 있어야 한다
1997호 어둡고 추운 암흑 터널에서 날개 잘린 채
날개야 돋아라! 날개야 돋아라!
외쳐 보지만, 기도해 보지만
겨드랑이에서 돋아나는 날개도 없다

진눈깨비 휘날리는 초겨울
허물어진 중산전철역에서 웅크린 채 떨고 있는
새들의 신음 소리

안개나라

안개나라에는
눈도, 귀도 없는 안개들
스멀스멀 살아가지
안개나라 중심부에 있던 두 무리가 한꺼번에
축재 혐의로 철창에 갇히더니
얼마 후 안개 특유의 속성으로 풀려나와
연무 속으로 사라졌다
다른 한 무리가 또 중심을 이루더니
안개나라 살림살이 진수렁에 떠밀어 넣고
수백만 백성들 일자리 잃고 거리를 방황해도
번지르르한 벼슬아치들 잘못이 없다면서
괴변으로 최면술 건 뒤
연막 치고 사라지면 그만이네
안개나라 대표자 회의는 열렸다 하면
파당으로 갈라져 진흙탕에서 상투잡이로 나뒹굴고
안개들의 법이란 안개처럼 모호하여
슬금슬금 법망을 빠져나와 법전 위에서 안개 피우네
안개나라에는 어떤 빛도 안개에 묻히고

안개나라 규범이란
더듬거려도 잡히지 않는 오리무중이어서
죄인 것도 없는, 죄 아닌 것도 없는
벌거숭이로 다녀도 부끄러움 모르는 세상이네

미루나무

언제부터인가
내 가슴속에는
바람에 나부끼는 미루나무 한 그루
푸르게 자라고 있어
7월이면
팔랑거리는 미루나무 잎들 사이로
바람의 머리칼 풀어헤쳐
쏴우우— 휘날리는 자여
황금햇살 꺾어 와
눈부시게 흩뿌리는 자여
흘러가는 세월의 잔해
열 손가락 펼쳐 걸러 내는 자여
미루나무는 다른 나의 분신
방랑길에서 길 잃고 헤매다 돌아온
핍진한 영혼이 미루나무에 기대면
미루나무가 흔들리고
내 마음 뿌리부터 흔들리고
미루나무가 애린에 젖으면

나는 달, 달, 달 몸부림치며 애린을
먼 하늘로 날려 보낸다

벚꽃길

장수동 대공원
만개한 벚꽃길 걸으면
아득히 열린 딴 세상
꿀벌들이 잉잉거리는 벌집 같은
꽃숭어리 속으로 손 이끌려 들어가
벚꽃들 세상에 취하여 길 잃는다
십여 일 꿈길 헤매다 깨어나면
하늘 뒤덮던 꽃숭어리 자취 없고
땅바닥에 어지러이 흩뿌려진 꽃 이파리
혼례식장의 카펫처럼 깔려 있다
만개한 벚꽃나무 아래 걸으면
짝 잃은 홀아비도
애인 없는 노처녀도
칠순 넘긴 노인네도 새신랑, 새신부 되어
축복의 꽃잎 세례 받으면서
황홀한 신혼을 설계한다
일렁이는 꽃그늘 아래 백일몽은
은근히 사랑을 기다리는
분홍빛 연정

오월 한나절

파란 하늘 끝이 없고
뭉게구름 흐르는
오월 한나절
나른함이 온 세상 짓누르는데
능수버들 아래 거닐면
허공을 맴돌다 떨어지는
송이송이 한얀 눈송이
겨우내 얼부푼 한恨이 풀리듯
이맘때면 언 가슴 녹아내린다
어금니 굳게 물고 다지던 의지도
이 계절 앞에선
어찌할 수 없는 나그네
연둣빛 여신의 깃 아래
아는 듯 모르게
옷을 곱게 갈아입은 산과 들
이 눈부신 계절 앞에선
샛별처럼 간직해 온 신념 지듯
소리 없이 무너지는 마음의 지주

기억상실

신도림 전철역 여울목엔 아침저녁으로
길 잃은 물고기 떼가 몰려와 바글바글
시골 살 때 웅덩이 물 퍼내고
양철동이에 가득 잡아다 놓았던 그 붕어들
속살처럼 맑은 시냇물에 떼 지어 놀던 은빛 피라미들
언제 서울로 올라왔을까?
지하철 입구로 몰려들어
입 주둥이 하늘로 쳐들고 뻐끔거리며 웅성웅성
이리저리 떠밀려 다니며 와글와글
비늘 서로 부딪치며 바스락바스락
기억 잃고 꾸역꾸역 어디로 가는 걸까?
땅속엔 강이 없는데
지하 갱도는 메말라 물이 없는데
지하구地下溝로 자꾸 몰려가는 물고기들
그 틈바구니에서
이게 꿈인지 생시인지
헷갈리는 나

뻐꾸기

녹음이 짙어 가는 산하에
6월이 오면
포곡포곡 절박한 울음소리
남의 둥지에다 알을 낳아 놓고
제 알조차 품을 수 없는
먼발치에서 포란을 지켜봐야 하는
숙명의 어미 새
씨받이 되어
제 새끼 키울 수 없어
제 새끼를 내 새끼라고 부를 수 없어
마음 졸이며 지켜봐야 하는 기막힌 사연을
이 산골짝 저 산골짝 돌아다니며
포곡포곡 원통한 울음으로 토하던 새
그 울음이 낭자한 산 메아리로 퍼져
푸름에 잠든 산하를 깨우던 새
이제 길마저 잃고
도시 변두리 아파트 단지에서 종일 울어
내 어릴 적 보릿고개 길
아픈 기억의 가시밭 헤집는다

외눈박이 원숭이

원숭이 킹코는 풍랑을 만나 긴 표류 끝에
외눈박이 원숭이들 섬에 기착했다
외눈박이 원숭이들이 이상한 동물 구경하듯
너는 왜 두 눈이냐고
이상한 녀석이라고
킥킥 웃고, 조롱했다
원숭이 무리에 끼워 주지 않고 왕따 시켰다
긴긴 외로움에 지친 두눈박이 원숭이 킹코는
그믐밤 달빛 아래서
결국 한쪽 눈 찔러 외눈박이 되었다
내가 처음으로 집 떠나
사회란 정글에 발 내밀었을 때
알아 버린 진실
어떤 일들은 결코 옳지 않음을 알았지만
나는 동업자들의 비난이 두려워
목구멍에 진실을 감춰 둔 채
결국 내 한쪽 눈을 찔러야 했다
원숭이 킹코처럼

한식날

꽃상여 타고 어머니 가시던 날
물결치는 푸른 보리밭 사이로
봄은 한창 짙어 가고
얄미운 신록이 더욱 서러워
목 놓아 나뒹굴던 그 길에
이젠 칡넝쿨 가시덤불 무성하다
묘지 옆 어리던 소나무 어느새 자라
푸를 靑 푸를 靑 큰 키로 하늘 가린다
세월이 지나면 슬픔도 추억이 되는가
술 한 잔 따르고 뫼등 가에 앉으니
세월이 쓸고 간 가슴은
저물녘 앞 강물처럼 잔잔히 출렁인다
되돌아보면
슬픈 것은 사람이었지
자연은 무덤덤한 듯 그대로였지
그때나 지금이나
산자락 스치고 몰려가는 저 솔바람 소리도
여전히 쏴—우—우
어디서 와 어디로 가는 것인가

입

깊은 밤
눈을 감아 보세요
지금 이 순간도
세상 곳곳에 입들의 아우성 보이지요
엄마 젖을 찾는 갓난아기의 (입)
노란 주둥이를 쩍쩍 벌리고
저요! 저요! 저에게 먹이를 주세요
소리치는 때까치 새끼들의 (입)
먹잇감 찾아 공중에서 바다로 내리꽂는 새
케이프가넷의 (입)
입이 찢어지도록 큰 멧돼지를 물고 있는
밀림 속 아나콘다의 (입)
물에 빠진 사슴을 향해 맹렬히 덤벼드는
아마존 강 피라니아 물고기의 (입)
먹이를 찢어발기다 으르렁거리는 사자 무리의 (입)
죽은 시신을 곁에 두고 먹고 떠드는 조문객들의 (입)
굶주림에 입 벌릴 기력조차 없는 르완다 난민들의
바짝 마른 (입)

지구 곳곳에서 쩍쩍 벌리고 있는 저 붉은 (입)들의
아우성
신이여! 어찌 (입)이란 먹음의 미로迷路 주셨습니까
끝 모를 동굴의 입구 (口)

진화의 열쇠

시안,
행복을 꿈꾸세요
불길한 예감은 떨쳐 버리세요
이누이트 부족들 살아가는 북극 대 설원
한때는 초원지대였지만
대륙에서 갈라져 동토의 땅이 되었지요
초원에서 살던 코끼리는 바다로 나가
먹이를 구해야 했고
발이 물갈퀴로 진화해 바다코끼리 되었지요
북극곰 털은 눈처럼 하얗네요
북극여우의 털도 하얗네요
수백만 년
자자손손 염원하고 기도한 덕분에
순백으로 진화해 보호색 띤 것
날마다 행복을 꿈꾸세요
당신 유전자가 행복의 문을 열 겁니다
불행한 예감은 지워 버리세요
유전자가 전투복 벗고 긴장을 풀 겁니다

날마다 행복을 암시하고 노래하세요
행복을 꿈꾸면 행복이 찾아오지요
불행을 미리 걱정하면 불행이 문틈으로 엿보지요

불두화

한때 출가를 꿈꾸던
청춘이 방황하던 시절
찾아간 성불사成佛寺에서 노스님 말씀
“보아하니 출가할 사람 같지 않은데”
스님 예언대로 결국
세속의 인연 끊지 못하고 단념해 버린 출가
내 가슴속에 잠든 불씨는 늘
산속 절을 동경했네
해마다 부처님 오신 뒤에는
부처님의 두상 닮은 불두화
정갈하고 하얗게 피어나는데
찌든 세속 밝혀 주는데
지난봄 불두화 곁에 두고 법문 듣고 싶어
정원에 심었으나
아직 인연이 먼 까닭인지
꽃 피지 못하고 세상 뜨고 말았네
정갈한 부처님 꽃
가슴 깊이 시들지 않는 꽃

제2부
동안거

헤어날 길 없는 슬픔과 번뇌로
아픈 자들아
겨울 숲으로 오라
여기는 깡마른 나목들 세상

흐름 앞에서

세월의 강물은 흘러
멸滅함의 거대한 폭포로 떨어지고
떨어져 흔적 없이 사라져 버리고
끊임없이 흐르는 강물 위에서
우리 태어났고
끊임없이 흐르는 강물 위에서 만나
우리 사랑을 나누고
둥지 틀었다
떠내려가면서
떠내려가는 줄도 모르고
영원히 살 것처럼 욕망의 검부러기 쌓아 올리다
강변의 아름다운 꽃들 보지 못하고
강변의 아름다운 새들 노래 듣지 못하고
떠내려간다 떠내려간다 오늘도
돌아올 길 없는 먼 부재의 낭떠러지 향하여

부엉이바위

가난한 농촌 소년은
거대한 절벽 부엉이를 동경했다
청년 되어
더 높고 푸른 세상을 꿈꾸며
품속에 늘 부엉이를 안고 다녔다
지독한 최루탄이 난무하던 거리에서도
놓치지 않은 부엉이
꿋꿋이 풍운의 세월 헤치고
올망졸망 작은 소망들 손잡고 마침내 정상에 올라
수리부엉이를 타고 높이 날개 펼쳤지만
인습의 그물 뚫지 못하고
날개 접은 부엉이
세속의 것들 버린 채 고향으로 돌아온 지
일 년 후 이공공구오이삼 그날
이미 새장에 갇혀 버린 모습 거울에 비춰 본 후
감시자들의 눈을 피해
어둑새벽 부엉이바위에 올라가
부러진 날개를 온몸으로 펼쳤다

날아라, 아수라에 갇힌 땅을 박차라!
한 줄기 불빛이 하늘로 치솟아 올랐다

비애

깊은 밤
달빛 비치는
강물에 물어보라
이 벌거숭이에 목숨 붙어 있음이
무슨 의미냐고
하루해는 어김없이 떴다 지고
밤이 오면 별이 뜨고 달 기운다
건들바람에 허허롭게
날려 보낸 무수한 날들
별빛 반짝이는 강물에 물어보라
어떻게 사는 것이 참 삶이냐고
어떻게 죽는 것이 참 죽음이냐고
때로는 악착같은 세상살이 접어두고
깊은 밤
수정 같은 강물에 두 눈동자 씻고
바라보라
우리, 어디서 왔다
무얼 하며 살다 가는 것이냐?

밤 새워 강물에 묻고 또
묻다가 강물 따라 쓰러진다 해도

노을

아, 못다 한 혼령들 모여
기어이 피 토해 운다
아리고 쓰린 가슴 부여안고
막막한 허공을 떠돌더니
지나가 버린 생애 그 뒤안길에서
혼신을 불사르며 오열한다
인류의 원죄는 기하급수로 팽창해 수십억
그 수십억 혼령들의 비애가 뒤엉킨
저 핏빛보다 진한 노을을 보라
치밀어 목메는 설움
우리 어디서 와 어디로 가는지
우리 영원히 무지한 채로
목마른 갈증으로
스스로를 태우다 쓰러져 가야 할
우리들 숙명
목이 메는 혼령들의 비애가 뒤엉킨
저 붉게 타는 노을 앞에 묵념하라
묵념하지 아니한 자
노을이 들려주는 장엄한 노랫가락 듣지 못하리

슬픔에게

왜 자꾸 품속에서

슬픔이란 진주를 꺼내어

아프게 만지작거리나요

슬픔은 그냥 묻어 두세요

세월이 가면

슬픔이란 진주는 흙 속에 풍화되어

기름진 흙이 되어

슬픔 묻힌 그 자리에

꽃이 피고

새가 울지요

겨울 상록수에게

강철같이 예리한 바람
쌩하니 후려치고 지나간다
얼굴 누렇게 들뜬 상록수 한 그루
칼바람에 꿋꿋이 맞서고 있다
하루에도 몇 번씩 생사生死의 고비를 넘나드는
숨 가쁜 순간
푸름을 향한 끈질긴 생명력은
결코 포기하지 않는다
이 고난의 계절 앞에 십자가 지고
골고다의 언덕을 오르지만
무릎 꿇지 않는다
오리라
다시 곧 따스한 봄볕 오리라
핍진한 환자의 얼굴
하나 기어이 봄날은 오리라
동장군 기세에 쓰러질 수 없는
사철나무 한 그루 마당에서 끈질기게
사투를 벌이고 있다

너를 향한 내 뜨거운 기도는
백설 위에 흩뿌려진 진홍 꽃잎보다
붉고 진한 것

이야기 무덤

바람 불어 황량한 날
부평가족묘원
무덤가 지날 때면
못다 한 이야기들이 꿈틀꿈틀

한평생 살아온 부부지간에도 못다 한 이야기
한마디 작별 인사도 못하고 헤어진
연인들의 이야기
형장에서 이슬로 사라져 간
사형수의 못다 한 이야기

기가 막힌 이야기
입이 막힌 이야기
눈먼 이야기들이

둥근 무덤 속에서 영생을 꿈꾸며
수군수군, 중얼중얼, 웅성웅성 되뇐다

입들의 무덤가 거닐면
'귀 있는 자는 들어 보아라
나의 기막힌 이야기를'

접시꽃

여염집 색시도 아닌
대갓집 마님도 아닌
수더분한 농촌 아낙처럼
있는 듯 없는 듯 모르게
뒤뜰 장독대 옆자리에 피어
살림살이 보살피는 꽃

지난겨울 뒤란
하얗게 뒤덮인 눈 속에서
파릇파릇 고개 내미는
끈질긴 네 생명력 의지 보았다

혹독한 시련은
땅속 깊숙이 뿌리박게 해
흙 속의 붉디붉은 자양분 뽑아 올려
푹푹 찌는 오뉴월 염천에 끊임없이
피어 지고 또 피며
소담스런 접시 자꾸 만들어

가난한 이웃들에게 나누어 주네

접시꽃은
다함없는 인정의 꽃

운명의 신

간밤 꿈속에서
산속 깊은 골짜기
안개의 성城에 다다라
운명을 말해 준다는 신神을 알현했다
내가 성문 밖에 엎드린 채
운명은 어떻게 정해지나요? 가르침을 청하자
그 신의 목소리

어떤 사람은 햇살 타고 와 태어나지
어떤 사람은 달빛 타고 와 태어나지
어떤 사람은 바람의 혼으로 태어나지

비단금침에 싸여 태어난 사람이나
마구간 짚더미 위에서 태어난 사람이나
밭고랑에서 태어난 사람이나
생명의 본질은
하나밖에 없는 유일한 불꽃

누구나 한쪽 손에는 운명을 쥐고 태어난다
누구나 다른 한쪽 손에는 의지를 쥐고 태어난다
운명과 의지, 두 구슬이 같은 방향으로 가도록
굴려 보아라
운명과 의지가 다른 길로 향할 땐 어떡하나요?
그때 어느 쪽을 선택할 것인가, 그건 네 몫이니라

동안거冬安居

헤어날 길 없는 슬픔과 번뇌로
아픈 자들아
겨울 숲으로 오라
여기는 깡마른 나목들 세상
새들도 풀벌레 소리도 다 끊긴 적막강산
세찬 눈보라 속 발목 깊숙이 내리 뻗고
고행하는 나목들
그러나 가만히 귀 기울여 들어 보라
어디선가 물 흐르는 소리 들리지
가늘게 끊어질 듯 이어질 듯
거친 나목의 표피 속에서
끈질기게 생명수 길어 나르는 소리 들리지
가진 것 다 나누어 주고
맨몸으로 칼바람에 맞서며
새 생명을 탄생시키려는 올곧은 의지
세상살이에 지쳐 낙심한 자들아
겨울 숲으로 와
앙버팀하고 묵언하는 수행자들 보라

우물

가슴속에 있는 우물
그 깊이를 재어 본 적 있습니까
우물 속에 어떤 생각
어떤 물고기들이 헤엄치고 있는지
부모가 자식의 우물 밑 다 들여다볼 수 없지
남편이 아내의 우물 밑 다 들여다볼 수 없지
사람들은 모르지
화냄 뒤에 숨겨진 깊은 사랑
미소 뒤에 숨겨진 노회老獪한 음모
참새같이 명랑함 뒤에 자리 잡은 쓸쓸함을
모르지
자신도 알지 못하는 욕망의 파도가
심연에서 일었다 사라지는 걸
내가 나의 심연을 다 들여다볼 수 없는데
누가 누구를 안다고 말할 수 있으랴
사람은 자기도 모르는 심연 하나씩
가슴속에 안고 살아가는데

시인의 무덤

여기에 보석이 있을까
아니면 저기에 보석이 있을까
시인이란 모자를 쓰고
수많은 산줄기 넘고
수많은 강을 건넜다
보석 하나 캐내어 강물에 씻고 다듬기를
수십 년
어느 날 꿈속에서 깨어나 보면
보석이 아닌 시냇가 평범한 돌멩이인 걸
더 험한 산속으로
더 깊은 강 속으로 들어가 길 잃고
다시 돌아오지 못한 자
셀 수 없다
그 무덤 없는 시인들이 남긴 발자국 더듬고
고뇌의 가시덤불 속에서 어쩌다 캐낸 보석
한두 개는 영롱한 빛으로 남는다
그러나 그뿐
시인에겐 상처뿐인 기억들

시인의 무덤 앞에선 추도하지 마세요
그 무덤에는 주인이 없어요
죽어서도 그는 곧바로 방랑길 떠났으므로

갈대

끝 간 데 없는 우주 속에서
나의 존재란
바닷가 모래알 중의 한 톨
아니, 모래알보다 작은 티끌

티끌인 내가
영생을 꿈꾸고
사랑을 노래합니다
슬픔에 눈물짓습니다

그 티끌인 내가
우주를 측량하고 헤아려 보지만
불행히도
내가 티끌인 줄 잊고 지냅니다

만물이 나를 위해 존재한 양
착각 속에 살고
나의 기쁨이 온 세상의 기쁨이요

나의 슬픔이 온 세상의 슬픔인 양
생각합니다

나의 한평생이
어느 별에선 단 하루에 불과하다면
나의 인생이란, 하루살이 꿈

그 하루살이 꿈마저 기쁨으로 충만하지 못하고
애증에 부대끼다 시드는 것이라면
나는
바람 앞에 서서 울고 있는 갈대

허수아비와 나

소년 시절 꿈속에서
긴 밧줄 타고 하늘 높이 올라가다
그만 떨어져 땅에 곤두박질쳤다
그런 날 오후
폭음과 함께 날아가 버린 날개 한쪽
나의 날개는, 나의 날개는
외쳐 보았지만
끝없이 헤매고 찾아보았지만
먼 산의 메아리 귓전 울릴 뿐
운명의 불화살은 또다시
청년 시절 가슴을 뚫고 지나갔다
바람구멍 숭숭한 틈새로 청춘은 흘러가고
뒤늦게
맘 다잡고 쌓아 올린 아늑한 둥지에
행복한 꿈 영글기 시작할 지천명 나이
어느 날 까마귀가 후려쳐 허물어뜨리니
내 인생은 바람
내 인생은 뜬구름

추수가 다 끝나 버린 들판 허수아비가 허허거리며
나에게 묻는다
여보시오, 거기 서 있는 허수아비는 누구요?

어느 봄날

햇빛 따사로운 봄날
능수버들 늘어진 도시의 변두리
어느 절간
담장 안에 백목련 꽃등불 밝히는 한나절
대문은 절반쯤 닫혀 있고
절간은 인기척 없는 고요가
흐르고 있었다
들어가 보고 싶지만
들어갈 수 없는
발길이 들어가기를 주저하는
주인 없는 듯하나 단아한 절간
그 앞 맴돌던 청춘 시절
되돌아보면
내 생애는 절간을 동경하나
그 문턱 넘지 못하는
사랑을 그리워하나
그 불길 속으로 뛰어들지 못하는
절간 밖의 긴 머뭇거림이었다

목련꽃 하늘거리는 봄날이 오면
더욱 그리워지는
정적에 묻힌 그 절간

별들의 귀향

새싹이 돋기 전
아직도 메마른 사월이면
밤하늘에 빛나던 별들이 지상으로
내려와 한바탕 축제를 연다
개나리는 노란 별
목련은 하얀 별
진달래는 빨간 별
마른 가지마다 촘촘히 내려앉아서
하늘의 축복을 전파하네
바람이 나뭇가지를 흔들고 지나가면
하늘하늘 춤추는 별…별…별
어지러이 반짝거리는 별…별…별
짧기만 사월이
푸른 숲 속으로 손 흔들며 멀어져 가면
화려한 축제도 막을 내린다
별들이 하나, 둘 떨어지며
뭇 별들이 우…수…수 흩어져 휘날리며

문신을 그린다

외로운 사람은 문신을 그린다
겨울 햇살 따스한 담벼락에 기대어
바다가 그리우면 파도를 그리고
날고 싶으면 예쁜 나비 한 마리 팔뚝에 그린다
왕처럼 행세하고 싶으면 용을 그리고
허약함을 감추고 싶으면 호랑이를 그린다
그 누구에게 사랑 표 내보이고 싶어
장미꽃을 그리고
해적처럼 적의敵意를 드러내기 위해
총칼을 그린다
외로운 사람은 문신을 그린다
나도 외로운 날 가슴에다 문신을 새긴다
호랑나비 문신
봄별 아래선 후투티, 호랑지빠귀
홀로 있고 싶을 땐 절해고도의 바위섬과 등대

걸어 다니는 우주

가을 햇살 반짝반짝 빛나는 오후
거리에 나서니
둥그런 얼굴
세모난 얼굴
노령기 산맥처럼 쭈글쭈글한 얼굴
묵직한 산 그림자처럼 어둑한 얼굴
인파가 붐비는 거리에서
굼실굼실, 출렁거리는 얼굴들을 본다
저마다 행성 하나씩 머리통으로 이고 다니는
인간이란 족속들

그 행성 속에는 수없는 길 나 있어
무엇으로 풀 수 없는 신비한 미로 있어
수만 광년 떠돌다
어느 절대자의 부름으로 지상에 내려와
전생前生에 찬란했던 별의 영광도 망각한 채
우주의 미아로 살아가다
다시 또 우주의 부름 따라 어디론가 떠나갈

이 얼굴, 저 얼굴들이
가을바람 스산하게 날리는 거리를 배회하네

도시의 올빼미

도시,
콘크리트 빌딩들 숲에 어둠이 내리면
낮 동안 깊은 잠에 빠졌던
올빼미들이 부스스 눈을 떠
하나, 둘 등불 켜 매단다
선술집 올빼미, 오세요
고독한 목로주점으로
한잔 술로 찌든 일상의 갈증을 푸세요
춤추는 올빼미, 오세요
무학성카바레로
한 쌍의 춤추는 학이 되어 보세요
섹시한 올빼미, 오세요
꿈의궁전모텔로
분홍빛 네온등 야릇한 침실 안에서
갈증 난 욕망을 채우세요
밤이 깊어 가자 도시는
올빼미가 켜 든 등불로 불야성을 이루고
몽롱하게 취한 눈빛이 가물거리면

밤은 농익어 무른 과일처럼 흐느적거리며
깊은 나락으로 떨어져 시들어 간다

그 소녀

담장 너머 소녀의 집
그리움은 담장 사이를 넘나들어도
그 모습 볼 수 있는 기회는
일 년에 단 몇 번
여름방학 때 집에 내려온 후
대문으로 드나드는 네 모습
보이지 않으면
더욱 짙어 가는 그리움 안고
슬며시 소녀의 집 대문을 응시하곤 했었지
그래도 예쁜 모습 보이지 않으면
하릴없이 대문 앞을 서성거렸지
몹시도 그리웠던 널
보는 것만으로도 가슴 부풀어 올랐고
어느 날 훌쩍 떠나 버리면
빈 가슴에 다시 그리움이 옹달샘 물로 차올랐지
떨리는 손으로 너에게 내밀던 첫 편지
소년 시절 씨앗은 그렇게
깊은 골짜기에서 싹트기 시작해

줄기가 퍼져 반평생 가슴 차지할 줄은 모르고
허전함의 근원 될 줄 모르고

어느덧 귀가 순하게 열린다는 나이
지금 어느 하늘 아래서
잘 있을까? 그 소녀

성산일출봉

시집온 지 석 달 만에
청상과부 되어 버린 월녀를
남몰래 좋아했던 더벅머리 총각 불출이
서른아홉 해 넘기고도 장가 못 가고
월녀 향한 불타는 연정 억제치 못해
뜬눈으로 지새우다
독하게 마음먹고 첫사랑 고백했는데
동짓달 그믐 밤 실눈 같은 달빛마저 사그라질 때
정낭을 살짝 내려놓으면
은밀히 이불쌈하여 가겠노라 하매
불출이의 간절한 애원 거절하지 못한 월녀
승낙하였으나 약속한 날 다가올수록
옥죄는 가슴 주체치 못하다
그날 밤 성산포에 나가 바다에 몸을 던졌다
뒤쫓아간 불출이도
만경창파에 몸을 던지려는 순간
하늘에서 동산만큼 커다란 불기둥이 떨어져
불출이는 그 자리에 선 채 바위로 굳어 버리고

가슴은 파여 커다란 분지가 되었다는
성산일출봉엔 오늘 해가 뜨지 않는다
불출이의 애절한 사연만이 하얗게 부서지며
끝없이 검푸른 바다에서 부침하고 있다
성산포에 가거든 일출봉을 보라
아직도 바다를 향해 쓰러질 듯
애태우고 있는 일출봉

영생

시안,
영생을 바라십니까?
천국과 지옥이 있길 바라십니까?
이승에서 죄 지은 불쌍한 영혼이
무간지옥無間地獄으로 떨어져
다시 또 고통 받길 바라십니까?
하루살이는
단 하루 만에 생을 완수하는데
하룻밤에 활짝 피었다 지는 달맞이꽃은
달빛 아래서 더욱 환하게 미소 짓는데
인생이라 한평생이 짧다 한탄하십니까?
온갖 생각 버리고 홀로 앉으면
내 안 어디선가 들리는 음성
지옥도 천당도 아닌 곳
슬픔도 번뇌도 없는 곳
이생전已生前 아득한 우주로
돌아가라, 돌아가라 한다

각시붓꽃

처음 그녀를 승학산에서 보았다
가슴 설레게 했던 그녀
다음해 수리산에서 그녀를 보았다
여전히 수줍고 청순한 맵시
어느 화사한 봄날 구봉산 자락에서
생긋 미소 짓고 있는 그녀를 보았다
가슴 깊이 인印 찍힌 아름다운 자태
연모해서는 안 될 새댁을 사모함은
전생前生에 못다 한 얄궂은 운명의 업보
해마다 봄볕 따스하게 스미는 이맘때면
새색시 만날 날 손꼽아 기다리는
이 심사, 이 설렘은
부끄럼 없이 가슴 벅차오름은
단 며칠이지만 그녀와의 해후를 기약함이라

늙은 개미

성묘 겸 찾아온 고향 길
소식 듣고 마중 나온 당숙은
생존해 계신 제일 가까운 친척
일흔여섯 해 흙바람 속에 뒹굴다
육신은 늙은 개미처럼 구부정한 채
쭉정이 손 내민다
한쪽 폐의 꽈리가 부풀어
병원 치료 받아야 하는데 괜찮다며 일손 놓지 못하고
누렁 소 여섯 마리와 복슬강아지 다섯 마리
날마다 쇠죽 쑤어 봉양하고
바람 훅 불면 날아갈 것 같은 육신 붙들고
밭으로 논으로 휘청거리며 다닌다
불같은 성미에
카랑카랑 울리던 목소리도 이제
모기 소리처럼 가늘어져 쇠잔하다
조금만 힘들게 움직여도 숨이 가쁘시단다
일제 치하의 척박한 농촌에서 태어나
고향에서 평생을 살아온 당숙

노쇠한 일개미가 먹잇감 옮기다 쓰러지듯
끝내 삽자루 쥔 채 하직할 그날
그리 멀지 않았으리

가시고기

생애 무엇 남았는가
헐거워진 육신
단지 형형한 눈빛 두 줄기
햇빛도, 바람도, 물 한 모금도 금식한 채
앙상한 뼈만 남아
제 새끼 지키느라, 먹이고 입히느라
앙상히 뼈만 남은 가시고기 되어
물속 깊은 골짜기 물메아리 소중히 들으며
홀로 가시고기 되어
재산도 사랑도 모두 물려주고
결국 뼈마디, 가시 하나마다 바람이 되어
형체도 없음이 되어
소멸하려는 갈망
내 가슴속 언제부터인지
가시고기 한 마리 살아가고 있어
육신의 기름 불태우고
가시마저 산산이 흩어 버리고 떠날
청명한 가을 햇살 아래 다비식
꿈꾸네

아카시아

간밤에 꽃잎 지다
짙게 코를 찌르던 아카시아 내음도
스러지다
새하얀 꽃잎을 피워 내기 위해
긴긴 날 인고의 아픔이 있었건만
꽃잎은 한순간에 져 버리니
맨땅에 하얗게 나부러진 꽃의 시신은
무엇을 골똘히 생각하고 있을까
꽃잎은 지고
또 한 해 그리움 지고
다시 찾아올 봄날 그 환희를 위하여
또 수많은 날들을 기다림 속에서
보내야 하느니
아카시아 꽃잎 지는 날은
내 마음도 속절없이 지고

자귀꽃

공작새 수백 마리
한꺼번에 날아와 자귀나무에 앉았다
초여름 무렵이면
우아하게 펼친 푸른 날개 위로
예쁜 공작의 관冠 쏘옥 밀어 올려
하늘하늘 춤추는 무리
따갑던 태양의 열기 시들고
노을빛 붉게 물들기 시작하면
미모사 합장하듯 날개 곱게 모아 접으니
일터에서 돌아온 낭군이랑, 기다리던 새색시가
만나는 기쁨을 상징하여 옛 선인들
합환꽃이라 이름 지어 불렀지
아침에 헤어질 때 기척 없고
저녁 무렵 만날 때 소리 소문 없어도
가슴 깊이 새긴 정 누가 알까
푸른 날개 펴 사뿐 내려앉은 공작새 수백 마리
적적하던 내 정원에 찾아와
날마다 춤추네

제3부
꿈들의 무도회

꿈은
아버지 몸속을 흐르다
꿈은
어머니 몸속을 흐르다
꿈이 꿈을 만나

저들은 누구인가

아프리카 세렝게티 초원의 누 떼처럼
이 도시엔
백만이 넘는 유인원들이
천만 가지 생각을 머리에 이고
킁킁거리며, 터벅거리며
전철역 지하도로 몰려든다
밤이 되면
백만 송이 꽃이 피는 아파트 불빛
지구라는 별에는
70억 넘는 유인원이 우글거리지
천리안을 가진 종족이
어느 우주의 별에서
지상의 모습 낱낱이 관찰하고 있다면
우리들은 지구란 동물원에 갇혀 살며
어쩌면 구원해 줄지도 모를 신神을 향하여
목 놓아 기도하는
머리가 커다란 포유류 중 한 종족

패랭이꽃

민초는 민초들끼리 어울려야
제맛이 나지
어어 둥둥 시끌벅적한 장터에서
하얀 패랭이가 장꾼들에게 소리친다
여보시오
희고 깨끗한 마음을 사 가세요
연분홍 패랭이가 목청 높인다
주체치 못해 넘치는 분홍빛 연정을 팝니다
쪽빛 패랭이가 하소연한다
날 좀 보세요
애린에 멍든 내 가슴을 보세요
이 생애 남은 건 애린한 상처뿐이랍니다
애린을 그냥 가져가세요
패랭이는 패랭이끼리 어울려야
어깨춤 절로 나지
시골장터 흥겹던 그 패랭이 무리가
세파에 떠밀려 다니다가
등산길 잡초가 어우러진 난장에서

여름날 해 저물도록

혼불 사르며 형형색색 꽃물 올린다

꿀단지

호박꽃 깊은 곳 애무하는
호박벌
동백꽃 동백청을 빠는
동박새
스칼렛 길리아 꽃 꿀단지에
넋 잃은 벌새
호랑나비 애벌레 주검에 까맣게 달라붙은
일개미들
추석날 행담도 휴게소 음식점에서
와글거리는 인간들
한국시리즈 결승전 그 열광하던 뒤끝
텅 빈 운동장에 꿀 다 파먹고 던져 버린 꿀단지들
인간은 왜 먹고 살만큼 벌지 않고
은행에 꿀단지를 맡기는가
유흥가에 꿀 바르고 몸을 파는 여인들
꿀을 위해 도박을 하고
꿀을 차지하기 위해 양심을 던져 버리고
달리는 자동차에 꽝 몸 부딪치는 사람들

집요하게 달라붙어
평생 떨쳐 내지 못하게 달라붙어
날개 펴 비상하지 못하도록 꽉 붙잡는
꿀단지의 유혹
결국엔 꿀 먹은 벙어리가 되어
갈 길 잃어버리고 훙얼훙얼
꿀단지 꼭 껴안고
죽음의 벼랑 끝으로 떨어지는
유인원 무리

덫

칠흑 같은 어둠의 장막에 갇혀
몸부림치다
고통스럽게 숨 거두고 마는
노루, 산양의 처절한 울부짖음
인간의 양심에 덫을 놓는 자
숨넘어가는 노루의 더운 피를 빨아먹는
원시의 수심獸心을 간직한 자
지극히 야만스런 욕망을 채우기 위해
또록또록한 눈망울의 고라니
까만 눈동자의 어린 노루 새끼마저
애처롭기 그지없는 하소연마저 외면한 채
단지 무료함 때문에 살상의 덫을 움켜쥔 자
들리지 않는가
온밤 어둠 속에서 몸부림치다 죽어 가는
죄 없는 생명의 처절한 울부짖음
지극히 몽매蒙昧한 자여 너의 이름은
양심의 도살자 밀렵꾼
열다섯 소녀의 몸을 돈으로 사

밤새 육체적 욕망을 채우는 그대 또한
돈으로 덫을 놓아 밀렵하는
도시의 음흉한 사냥꾼

꽃처럼 지기

동백꽃 뚝—뚝— 통째로 떨어지듯
송이송이 등불 켜 어둠 밝히다
하룻밤 사이에 목련꽃 지듯
이 육신
늙고 병들어 초라하지 않을 때
벽과 벽뿐인 병실에 갇혀 주삿바늘 줄줄이 꽂고
꺼져 가는 생명의 불꽃 붙잡고
애면글면하지 않을 때
떨어지는 꽃처럼
육신은 육신의 길로 가고
영혼은 영혼의 길로 떠나가고
너무 슬프지 않게
너무 초라하지도 않게
바람에 흩어지는 꽃잎처럼
미소 머금고 안녕이라 손 흔들며 떠날 수 있다면
초록빛 바다에 풍덩 몸 던져 모란꽃
하늘로 가듯

앙코르와트

칙칙한 원시림 속에서
천년 깊은 잠에 빠졌던 브라흐마, 비슈누, 시바
부스스 눈을 뜨던 날
누운 몸 일으켜 세워 가부좌하던 날
인류는 위대한 문화유산을 되찾았어라
신神들의 손길 빌려 인간이 조각한
신과 인간이 함께 살아가는 신인神人 세상을 꿈꾸던
불멸의 건축물 한 조각, 한 획, 한 점마다
위대한 선인先人들의 꿈 배어 있어
옛 석공의 숨결 살아 있어
신전神殿 앞 거대한 뱀들은 꿈틀거리고
뭇 신들의 춤사위 아직 끝나지 않았는데
어느덧 태양은 붉게 물들어 앙코르와트 너머
톤레사프 호수로 서서히 빠지는데
춤추는 석상石像의 현란한 손놀림에 취해
차마, 발길 돌릴 수 없는 이방인
내 빈약한 영혼은 떨리고
아득히 잠기는 눈동자
먼 곳을 보네

행복

당신은 행복하십니까

먹음을 해결했고
철 따라 입고 벗을 옷가지 있고
안식을 취할 따스한 방 있으니까
지구상 어느 생명체보다 행복해야겠지요

다른 한쪽에서 삐죽 내미는 입
그건 맞는 말씀인데요
고래 등짝 같은 큰 집 많은데
내 집은 세 칸짜리 소라 껍데기인걸요
노랑나비처럼 예쁜 옷 많은데
나의 옷이야 유행에 뒤처진 구닥다리인걸요
나의 먹음은 늘 김치에 된장찌개인걸요
그런데 어떻게 행복할 수 있나요
난, 자식들 때문에 속 얼마나 썩고 있는데요
난, 배우자 때문에 얼마나 스트레스 받고 사는데요
난, 형제자매 때문에 얼마나 골치 아픈데요

행복은 무슨……

아, 그렇긴 하네요
행복을 비교 평가하는 공식이 있다는 걸 몰랐군요
행복이란, 늘 그렇게 상대적이라는 걸

꿈들의 무도회

꿈은
아버지의 몸속을 흐르다
꿈은
어머니의 몸속을 흐르다
사랑의 더운 숨결로
꿈이 꿈을 만나
어머니 배 속 둥지에서
열 달 동안 꿈꾸다가
여름 밤하늘 별똥별처럼
몸 밖 세상으로 불쑥 떨어지는 꿈
그 꿈 덩어리가
또 꿈을 꾸며 무럭무럭 자라나
유년기의 꿈
소년기의 꿈을 지나
왕성한 청년기의 꿈으로 자라나
몸속에 또 꿈의 씨앗을 기르지
우리들 꿈만이 아니지
부엉이의 꿈
올빼미 꿈

황금박쥐의 꿈
올챙이의 꿈
새봄이면 종달새의 꿈
한여름이면 반딧불이의 꿈
가을이면 들국화의 꿈
그들만이 아니지
달팽이의 꿈
지렁이의 꿈
살아 있는 것들은 모두가 꿈을 꾸지
천년의 은행나무는
천년 꿈을 꾸었지
하루살이는
단 하루 동안 꿈을 꾸지
사는 게 꿈이라면
이별 또한 꿈이지
지구는
온갖 꿈들의 가면무도회

톤레사프 풍경

톤레사프는
세월이 거꾸로 흐르는 강
쓰레기 나뒹구는 강변 둔치엔
덩굴나무 줄기로 얼기설기 엮은 벽
엉성하게 풀잎으로 덮은 지붕
원시시대의 움집 같은 곳
그 옆에 서서
흙먼지 날리는 길가에서
전쟁터의 폐허 같은 쓰레기 더미에서
깡마른 막대 그림자처럼 흔들리는 아이들
꾀죄죄하고 헐벗은
헝클어진 쑥대머리 형상을 한
흘러간 기억 거꾸로 더듬으면
어릴 적 내 조국 땅에서 본 듯한 어렴풋한 기억
"천 원, 천 원"
갈퀴손 내미는 아이들
누런 황토를 머금은 톤레사프는 말없이 흐르는데
가난의 때가 저린 수상가옥

아열대 태양은 해종일 따갑게 내리쬐는데
“아저씨 원 딸라, 원 딸라”
치근덕치근덕 따라오는 애달픈 음성

꽃잎 지는 날

정원을 밝히더니
간밤에 꽃잎 무수히 지다
어지러이 흩어진 꽃잎들 앞에
나 망연히 서 있다
맨땅 위에 하얗게 널브러진 꽃잎은
어느 인연으로 왔다가
시달리고 지쳐 가엾은 목숨
저리도 아프게 버리고 가는가
우리의 생애도 저 꽃잎이거늘
삶은 늘 혼돈의 미로 속 방황하고
모두가 끝없는 가시밭길을 가느니
신이여! 이 땅에 빛을 주소서
모두가 평온 속에 화합하며 살아가게 하소서
오늘도 꽃잎은 소리 없이 지고
고달픈 하루의 시작을 알리는 여명에
무거운 발자국 소리 들린다

바람의 여로

바람은 먼 산골짜기에서 내려와
나뭇가지를 흔들고
펀펀한 들판을 깨워 일렁거리게 하고
가난한 농부의 소맷자락 흔든다

바람은 태초로부터
생명의 경이로움을 노래하고
아득히 먼 원시의 조상 대대로
사랑의 소식 전해 주고
갑작스레 이별의 아픔을 안겨 준다

바람은 계절의 전초병으로
꽃 소식 실어 오고
염천에 흘린 땀방울 씻어 주고
싸늘한 서릿발 몰고 와 낙엽 떨구고
살갗 에이는 칼날 들이댄다

꽃눈을 틔우던 과일이

부는 바람에 영글어 가듯
이 목숨 또한 바람에 씻기어 나이테 짓고
바람에 부대껴 시들어 간다

나의 인생이란, 바람
시원도 알 수 없는 곳으로부터 지상에 내려와
무수히 꿈을 쌓고 허물다
애증에 울고 웃고 부대끼면서
목숨 줄 허허롭게 날리어 보낸다

바람은 깊은 산골짜기에서
스스로 메아리를 일으키고 노닐다
드넓은 바다로 나가
길 잃은 항해자의 길잡이가 되기도 하고
때로는 도시의 뒷골목 빌딩 숲 사이를 지나
도시인의 찌든 가슴을 적셔 준다

바람은 때로는 노도 같은 열정 이기지 못해

풍비박산 광폭하게 날뛰다가도
자고 나면 언제 그랬느냐는 듯
아가의 고운 숨결로 평화를 노래한다

미와 추

커피숍 탁자에 놓인 장미꽃을 보고
참 예쁘다 운을 떼자
식물학자인 친구가 하는 말
장미꽃은 장미넝쿨의 생식기라 한다
순결한 백합꽃도 나리의 생식기라 한다
앙증맞은 별꽃도 작은 생식기라 한다
사람이 꽃을 좋아하는 것도 그 때문이란다
말 듣는 순간 망치로 맞은 것 같은 충격
다시 찬찬히 꽃을 뜯어보았다
생식기라고 무슨……
갑자기 인간들 생식기가 떠올라 왈칵 밀려드는 무엇
그럼 벌과 나비를 번갈아 맞이하는 꽃은
열애의 본능을 타고난 요부인가
아니면
모든 배고픈 나비에게
자신의 가장 은밀한 곳을 보여 주며
그곳을 열어 허기를 달래 주는 보살인가
그럼 창녀촌의 꽃들도

목마른 수컷들 욕망을 달래 주는 보살일 수도
아름다움과 추함
그건 손바닥의 안과 밖 아닌가?

호랑지빠귀

산과 들판
푸른 물감 칠하는 오월
홀로 산길을 내려오는데
빈산의 적막을 꼬집는 귀신 울음
휘휘 호호
휘휘 호호
등 뒤에서 일정한 거리를 유지하며
발걸음 뗄 때마다 휘휘 호오
등골에 오싹 소름 돋던 어린 시절 추억
으스스한 그 소리
이순耳順을 넘긴 오늘 산길에서 마주친
휘이 호오 휘이 호오
죽음도 초월할 나이에 귀신 울음인들
무서울까 보냐
귀신아 재미있게 한판 놀아 볼까?
나도 휘파람 소리 불어 귀신 흉내를 내자
그놈 끈질기게 뒤따라 붙어
산 밑 농막 근처까지 따라붙어

귀신 놀음 즐기는 너를
나는 알지
요, 깜찍한 새야

허전한 꽃밭

정신문화의 꽃이었던
이 땅의 시詩는 어디로 가는가
시를 쓸 수 있는
선인들의 고귀한 유산 물려받았건만
영혼의 울림
풀잎의 속삭임
바람이 전해 주는 말 듣지 아니하고
아픈 꽃들 어루만지지 아니하고
광야 아닌 샛길로 잡아당기고
등단이다 미등단이다 폄훼하고
등단을 미끼로 잇속 챙기고 낚시질하다
하늘의 노여움 받아 꽃밭에 떨어진 바윗돌에
꽃향기는 날아가고
어린 싹인들 무사할 수 있으랴
연초록 떡잎들마저 바위에 짓눌려 죽어 간다
팽개쳐진 돌멩이, 자갈들만이
온통 꽃밭을 차지하니
이젠 시의 싹도 자라지 못하는 박토가 되었다

꽃들도, 객도 다 떠나 버린 허전한 꽃밭엔

길 잃은 돌무덤만 황량하구나

푸른 별

지구별 위에
어느 한 종족이 출현하지 않았다면
그 별 위에 서식하기 시작하면서
숲을 파헤치고
강줄기를 싹둑 잘라 막지 않았다면
콘크리트 회색의 도시를 건설하지 않았다면
자연 그대로인 채 두었다면
뭇 생명체들에게 낙원이었을 푸른 별
그 종족이 숲 속 흰눈썹황금새를 죽이지 않았다면
개울물에 사는 은빛 쉬리의 씨를 말리지 않았다면
공장에서 시커먼 폐기물을 쏟아 내지 않았다면
사시사철 평화를 노래하고 있을 푸른 별
사라진 모아새, 코끼리새……
뭇 생명체들이 하나, 둘 사라지고
결국 한 종족만이 지상에 덩그렇게 남게 될 때
별은 황사바람 날리는 무덤들의 터
지금 그 별에서 사라져야 할 종족이 누구냐고 물을 때
뭇 생명체들은 누구를 향하여 일제히 손가락질할까

포르노 씨의 방문

포르노 씨는 퍼석퍼석한 봄 가뭄에도
아랑곳없이 항상 물결 넘실거리는
인터넷방의 단골손님
그 방에 아비가 점잖게 들어가
포르노 바다를 헤엄치고 나온다
그다음엔
아들 녀석이 슬그머니 들어가
아비가 건넜던 포르노 바다에서 허우적거린다
아들 녀석이 머리를 긁적이고 나오자
이번엔 딸년이 슬금슬금 들어가
오빠가 몸을 푼 포르노 바다를 감상한다
학교 성교육 시간에 선생님 왈
"섹스란 진실한 사랑이 전제되어야지……"
이미 머리통이 부풀어 오른 아이들이 웃는다
선생님이 열심히 강의를 해도
바람 빠지는 풍선이 되어 피식피식 웃는다
포르노 씨가 방문을 마치고 난 방은
얼마 못 가
문턱이 없는 난장 되어 버린다

팽이

우주의 주인장은
황금마차가 끄는 불덩어리 허공에 띄워 놓고
불덩어리 주위에다 팽이 여럿 돌려 놓고
45억 년 동안
외출한 채 돌아오지 않는다
나는 둥글고 푸른 팽이 위에서 태어나
밤낮 일개미로 살아왔는데
2000년 7월 16일 밤 외딴섬에서
개기월식 관찰 후 놀라운 깨우침
내가 살고 있는 팽이가 똑딱할 매초마다
30킬로미터 속도로 태양 주위를 질주하고
채찍 없이도 핑핑 도는 자전 속도
팽이 허리춤에서 초속 450미터씩이라는 걸
알아 버린 순간부터 내 어지럼증은 시작되었는데
그 뒤 술 취하지 않은 대낮에도 어지러워
비틀거리게 되었는데
아, 어쩌나
어느 날 갑자기 팽이 빨리 돌기 시작하면

어느 날 팽이 갑자기 멈추면 그
팽이 위에 목숨 붙이고 사는 종족들 운명은?

대폭발

새 천 년 시작되는 아침에
마욘 화산 폭발하여 장엄한 불기둥 치솟아
파란 하늘에 불꽃 수놓으니
사람들은 놀라움과 두려움에 가슴 쓸어내린다
갑자기 발바닥 밑 저릿해 온다
새해 아침에 또
이伊 시칠리아 섬 에트나 화산에서 시뻘건 용암이
꿈틀꿈틀
흘러내리니 사람들은 경외의 눈으로 바라본다
1824년 인류 10억
1924년 인류 20억
1999년 인류 60억
2050년 인류 100억
브레이크 잃어버린 우리의 은하 열차는
화산 폭발보다 더 큰 위력을 가진
인구폭탄을 가득 싣고
가속페달 밟으며 숨 가쁘게
지구를 빙빙 돌아 대폭발의 임계점을 향해

치이익— 치익—, 씨이익— 씨익
내달리고 있건만

누구도 경고음에 귀 기울이지 않는다

눈먼 신문

띵동, 띵동
아파트 방문객 벨소리
누구세요? 묻자
저기요…… 저기요…… 얼버무림
의심의 문을 열자
코앞에 불쑥 내미는 흰 봉투
얼굴은 양羊인데 꼬리가 보이네
xx일보인데요
신문 한 부 봐 주세요

며칠 전
동네 마트 입구 들어서려는데
눈앞에 또 불쑥 내미는 흰 봉투
xx일보 한번 봐 주세요
왜 그럴까
정론으로 당당히 승부하면 될 걸
왜 돈 뿌리며 독자를 매수하려는 걸까
눈 부릅뜬 정의의 펜 되기는커녕

사탕발림으로 국민의 눈과 귀를 틀어막으려는
이 땅 굴지의 언론 재벌
그들의 숨은 의도는 무엇일까?
집요하게 파고드는 그들의 속셈

줄타기

육이오 때
최전방에 투입된 농촌 청년들
죽으면서 "빽" 하고 죽었단다
빽줄이 좋아 징병에서 빠진
그 빽 좋은 자손들이 오늘날도 뺀질거리게 살아
다시 대물려 병역의무 면제 받고
빽줄이 좋아 취직 걱정 필요 없고
빽줄이 좋아 낙하산 타고 내려 공기업 사장 되고
빽줄이 뭔지 모른 사람들
썩은 동아줄 잡아당기다
맨땅에 곤두박질치다 코 깨진다
원래 줄타기의 고수들이 배우는 첫 번째는
줄 고르는 법
싱싱한 고래 심줄인가 썩은 새끼줄인가
비밀을 전수받은 고수들은 일찌감치
물 밑 왕메기로 변신해 눈을 끔벅거리며 결정적 순
간 기다리지
어느 줄 잡을까?

오늘도 허공에 손 뻗쳐 허우적거리는
저 무수한 손들
빽줄을 단단히 잡아라

막장 드라마공화국

불륜의 원조는 삼각관계
신세대 드라마는 각조차 없다
드라마공화국 백성들
아침엔 드라마가 깨워 주고
점심엔 드라마로 밥 비벼 먹고
저녁은 드라마 속에서 잠든다
드라마의 주인공과 나는 뗄 수 없는
연인 관계이므로
나도 드라마 속 칡넝쿨 중 한 줄기
불륜 드라마는 도덕이란 울타리로
가두어 둔 원초적 본능
대신 터뜨려 주는
이 시대 핍진한 사람들 목마름병 치유제
드라마공화국에서
불륜 아닌 사랑은 쉬어 빠진 김치
불륜 나무라는 사람은 위선자로 찍힌다
그래서 어느덧
흙탕물 웅덩이에서 자란 아이들에겐

불륜 아닌 사랑은 싱거운 독백이 되었다

드라마공화국 헌법 제1조
'불륜 아닌 드라마는 이 땅에 발붙이지 못한다'

길들이기

광야의 늑대가 붙잡혀
목줄 채워졌을 때
어찌 분노의 울부짖음이 없었겠는가
창공을 날아다니던 앵무새 포획하여
울타리에 가두었을 때
비상을 위해 몸부림치다 뽑힌 깃털이 무수히
갈바람에 흩어졌으리
원숭이가 처음 동물원 철창에 갇혔을 때
어찌 탈출을 위해 몸부림치지 않았겠는가
자유를 갈망하는 저항의 몸짓 멈추었을 때
그들은 비로소 길들여져
주인을 위한 노리개로 변질되는 것
독재자의 마수가 백성들 목덜미 죄어 올 때
왜 분연히 일어서는 민주투사가 없었겠는가
메아리 없는 외침이 긴 세월 동안 허공으로
스러지고
독재자의 구둣발에 처참히 짓밟힐 때
계산속 빠른 사람들은 벌써 그 구둣발에 입맞춤한다

어느 종족보다 잇속 빠른 게 인간이란 종족 아닌가
그리하여 역사는 또
음습하고, 어둠의 장막 속으로 빠져든다

반쪽 땅에는

북녘땅 첫인상은
황량한 민둥산
헐벗어 뵈는 농촌
금강산에 도착해 다시 보았지요
빼어난 만물상 경치
에메랄드 보석 품은 상팔담 아름다운 풍경
다시 또 보았지요
등산로 가판대의 상냥한 북녘 처녀
그 뒤쪽에서
그림자처럼 지켜보는 감시의 눈초리
무엇이 두려워 관광객까지 감시하는 걸까
또 다른 걸 보았지요
우리를 애써 외면하며 고개 돌리는 온정리 주민들
공연장에서 본 기예단원들의 간절한
통일 소원하는 몸짓을
풀잎도 새들도 다 오천 년 이어 온
백의를 숭상해 온 민족인데
그러나 대명천지에 3대 세습 독재라니

누가 북녘땅 시계를 한 세기나 거꾸로
되돌려 놓았단 말인가
이제 스스로 일어설 힘조차 없는 북녘 동포들
교류의 중단은 결국 독재의 연장만 도와주는 꼴
금강산도 식후경이라는 옛말
참으로 아프게 들리네

분한 꿈

또 꿈을 꾼다
동지가 없는 외로운 투쟁
분단을 조장, 이용하려는 자
분단의 쇠사슬을 공고히 하려는 자
통일을 방해하려는 자
불 뿜는 총구 받아라
광복을 보지 못하고 한 맺힌 생을 마감한
선열의 넋을 대신하여
너희 반역의 무리를 제거할 것이니
민족의 이름으로
너희 사악한 가슴 관통할 총을 겨누나니
역사의 썩은 물웅덩이가 너희 무덤이거니
금수만도 못한 남북의 정치 모리배들아
반만년 민족의 이름으로 너희를 처단하노라
날름거리는 뱀의 혓바닥으로 강산을 더럽히기 전에
무쇠 총알로 한꺼번에 처단하노라
총을 들었다
반역의 무리를 향해 정조준하였다

그러나 격발되지 않는 총구
몸부림치다, 발버둥 치다 깨어났다
아! 원통하구나
이게 단지 꿈이라니

어떤 신神

그 신神은 마법의 지팡이를 가지고 왔다
그 지팡이로 공자孔子를 쫓아내고
그 지팡이로 불경佛經을 찢고
그 지팡이로 십자가十字架 거꾸로 매달았다
태초에는 인간 욕망이 단순하여
그 신의 능력은 극히 미약하였으나
문명 속도보다 더 빠르게
재빨리 인간들 마음속으로 파고들었다
이 시대의 우상이 되어버린 그 신은
사랑은 저울 눈금으로 계산하라
돈 없는 친구는 곁에 두지 마라
돈 없는 부모는 멀리하라
모든 가치는 나를 능가하지 못하리라
주술呪術 외운다
그 마법에 걸려
먹어도 먹어도 허기 달래지 못하는 우리들
쌓아도 쌓아도 부족한 우리들
학교에서도, 교회에서도 그 신을 믿지 마라

가르치고 설파하지만
뒤돌아서면 어느 누구도
그 신의 신봉자 아닌 사람
없다

목련을 기다림

목련꽃 피었다 지기
10일
다시 기다림의 삶
목련에게는 단지 태양과 달빛과 바람
폭풍우 몰아치는 계절
꽃 지고 목련은 부지런히 새잎 내밀고
봄, 여름, 가을 부푼 꿈을 간직하고
겨울날의 시련 지나가면
다시 찾아오는 봄
목련의 1년이란
청백淸白하게 가슴을 물들이는 시간
정화수로 기도하는 시간
1년 동안
인간들 세상이란 얼마나 많은 사건들
끊임없이 터져 얼룩지고
바람개비처럼 돌아가는지
그러다 보내 버린 건망증 심한 세월
올봄도 목련은
백옥처럼 하얗게 피었다 지니

작품 해설

질문의 시학

고 광 식
(문학평론가)

1. 작은 주체

인간은 얼마나 작고 약한 존재인가. 그렇다, 풀잎처럼 바람에 나부끼다가 저녁노을과 함께 저 버리는 나약한 생명체가 인간이다. 인간은 자신들이 지배한 것처럼 착각했던 자연으로부터 어느 날 재해를 당해 사라지고, 자신들이 만들어 놓은 문명으로 인해 처절하게 고통 받는 존재다. 때로는 헤게모니를 차지한 아주 적은 소수에 의해 다수가 고통을 겪기도 한다. 이토록 사소한 주체인 인간이 그 사소함에서 벗어나기 위해선 세상과 맞서 질문을 해야 한다. 몸의 감각기관을 통해 보이는 감각의 세계에 대해 질문을 해야 하며, 현실계에서 왜

곡되고 굴절되는 모든 현상, 즉 지각된 세계에 대해서도 질문을 해야 한다. 그리고 우리가 알 수 없는 형이상학적 진실에 대해서도 거침없는 질문을 할 때 인간은 비로소 사소한 주체에서 벗어날 수 있다. 이처럼 현상계와 물자체에 던지는 질문은 조건 없는 정언명령이어야 한다. 사소한 모든 주체들이여, 세상에 질문하라.

"너, 피라칸타야/ 깊은 밤이면 찾아와/ 내 가슴속 타는 그 잉걸불이지"(「피라칸타」)라고 임봉주 시의 시적 주체는 에너지 초과 연소로 메말라 가는 육신의 병에 질문한다. 산을 오르며 산새와 자신을 동일시하고, 산에서 내려오며 꽃들과 자신을 동일시했던 시적 주체는 피라칸타와 자신의 병을 동일시한다. 이토록 사소한 질문 끝에 자신이 자연의 사소한 조각임을 깨닫는다. 사소한 주체는 또 "민초는 민초들끼리 어울려야/ 제맛이 나지"(「패랭이꽃」)라고 스스로 어떻게 살 것인지 질문하고 스스로 답한다. 경우에 따라서 '어울린다'는 말은 '더불어' 처럼 읽힌다. 더불어 가는 세상의 실루엣에 공자의 대동사회가 있고, 맹자의 역성혁명이 있다. 공자와 맹자가 걸어간 길의 끝에는 "혼불 사르며 형형색색 꽃물" 올리는 토머스 모어의 유토피아가 존재한다. 사소한 주체의 질문은 끝이 없다. 아주 사소한 존재들이 삶을 미완성으로 완성한 곳, 부평가족묘원에서 시의 주체는 "기가 막힌 이야기/ 입이 막힌 이야기/ 눈먼 이야기"(「이야기 무덤」)들을 무덤 속 존재자들에게 묻는다. 사소한 세상의 주체에게도 한평생 살아온 부부의 연이 있었고, 남몰래 가꾸어 온 애틋한 사랑이 있었다.

못다 한 이야기가 가슴속에 가득한 상처 입은 무덤의 주인들이 "수군수군, 중얼중얼, 웅성웅성" 시적 주체의 질문에 답한다. 이곳 부평가족묘원에서 삶과 죽음이 연결되고, 이승과 저승의 경계가 스토리텔링으로 무너져 내린다. 무덤가를 지날 때면 시적 주체가 던진 질문에 사소한 주체들이 못다 한 이야기들을 들려준다.

임봉주의 『풀잎은 나부끼고』는 작고 약한 사소한 주체가 세상에 던지는 치열한 질문이다. 세상에 질문하지 않는다는 것은 자신의 삶에 대한 직무유기이며, 주인임을 포기하는 것과 같다. 세상의 주체들은 타자가 비춰 주는 거울을 깨고, 타자가 안내하는 길에 대해 질문해야 한다. 그리고 이성이 멈추지 않는 욕망으로 형이상학의 세계를 보았다고 할 때, 그 세계에 대해서도 냉정하게 질문할 줄 알아야 한다. 임봉주 시의 사소한 주체들은 이런 질문을 통하여 위대한 주체로 거듭나고 있다. 꽃은 계절 따라 피지만, 세계에 대해 질문하지 않으며, 동물은 뛰어난 감각기관을 가지고 있지만, 자신이 감각한 세계에 대해 질문하지 않는다. 인간이 꽃과 동물과 다른 것은 질문하는 데 있다. 그러므로 세계에 대한 임봉주의 질문은 인간과 동물의 차별성을 증명하는 것이며, 단단한 고정관념에 균열을 가하는 지난한 작업이다.

2. 첫 번째 질문 : 감각의 세계

현상계라는 알 수 있는 세계에 대해 느끼고 인식하기는 참 쉽다. 인간은 만개한 꽃을 시각으로, 거친 바람 소리를 청각으로, 쏟아지는 햇볕을 촉각으로, 풀꽃 향기를 후각으로, 달콤한 과일 맛을 미각으로 느낀다. 감각기에 있는 아이뿐 아니라 성인들도 감각을 통해 느끼고 인식하는 일차적 인지로 세계를 본다. 머리를 쓸 필요 없이 보이는 대로 보고, 느끼는 대로 느끼면 된다. 밖으로부터 나에게 오는 사물은 '나'의 감각에서 있는 그대로 받아들여진다. 설령 그것이 밖의 세계에서 타자에 의해 부여된 왜곡된 가치라 해도 세상의 '나'는 그것에 대해 질문하려 하지 않는다. 타자의 가치와 나의 가치가 충돌하는 지점에서 고통이 생성되기 때문이다.

임봉주 시인은 시적 주체에게 명령한다. 물질이 우리를 행복하게 하는 것은 진실인지, 물질이 어떤 식으로 우리를 장악하고 있는지를 파악할 것을 명령한다.

재빨리 인간들 마음속으로 파고들었다
이 시대의 우상이 되어버린 그 신은
사랑은 저울 눈금으로 계산하라
돈 없는 친구는 곁에 두지 마라
돈 없는 부모는 멀리하라
모든 가치는 나를 능가하지 못하리라

주술呪術 외운다

—「어떤 신神」 부분

이 시는 인간 내부로 들어가기 위한 감각기관을 파고드는데 물질이 얼마만큼 강력한 파괴력을 가졌는지를 보여 준다. 신을 우리 가슴에 가지고 있었을 때, 인간은 그 신에 의지했으며, 의지한 신 때문에 현재가 고통스럽더라도 그것을 극복하는 힘을 얻을 수 있었다. 인간이 세계 안에서 삶을 산다는 것은 신에 집착하고, 신의 가르침대로 늘 자신의 존재를 보는 것을 의미했다. "만물은 신들로 가득 차 있다."는 탈레스의 말처럼 인간은 신을 안으로부터 느끼고 그 안에서 삶의 근원적 행동을 찾았다. 이때의 인간 사회는 계급이나 계층 같은 층위를 만들면서 낯선 질서를 만들어 낸 것이 아니라, 그 안에서 서로 동화되어 동질화되는 행복을 추구했다. 하지만 과거의 윤리나 신과 같은 형이상학적인 것들이 무너진 자리에 '물질' 이라는 새로운 신이 자리 잡으면서 인간 사회는 "사랑은 저울 눈금으로 계산하라"는 이질적인 가치와 질서를 만들기 시작했다. 근원적인 '목적' 인 사랑을 가슴속으로부터 추방하고, 물질 자체의 요소에 의해 지배되는 사랑과 물질이 인과성을 띄기 시작했다. 이러한 패러다임의 전환으로 세상의 주체에게 지금까지의 모든 것을 부정하게 했다. 따라서 세상을 바라보는 가치의 동질성이나 긍정적 측면의 연고에 의한 친구 사귀기가 아니라 "돈 없는 친구는 곁에 두지" 않는 물질적 경향을 공고히 하게 되었다. 이제 물질을 가진 자본에 의해 새로운 권력이 탄생했다. 그리고 물질은 신이 되었다.

존재자들은 감각을 통해 '나'를 행복하게 하는 것이 물질이라고 굳게 믿는다. 이렇게 진화한 물질은 주체의 의식을 논리적으로 지배하기에 이른다. 내가 행복해지기 위해선 일차적으로 외부의 대상이 나의 감각기관에 의해 확인되고 증명되어야 한다.

> 엄마 젖을 찾는 갓난아기의 (입)
> 노란 주둥이를 쩍쩍 벌리고
> 저요! 저요! 저에게 먹이를 주세요
> 소리치는 때까치 새끼들의 (입)
> 먹잇감 찾아 공중에서 바다로 내리꽂는 새
> 케이프가넷의 (입)
> 입이 찢어지도록 큰 멧돼지를 물고 있는
> 밀림 속 아나콘다의 (입)
> 물에 빠진 사슴을 향해 맹렬히 덤벼드는
> 아마존 강 피라니아 물고기의 (입)
> 먹이를 찢어발기다 으르렁거리는 사자 무리의 (입)
> 죽은 시신을 곁에 두고 먹고 떠드는 조문객들의 (입)
> 굶주림에 입 벌릴 기력조차 없는 르완다 난민들의 바짝 마른 (입)
> 지구 곳곳에서 쩍쩍 벌리고 있는 저 붉은 (입)들의 아우성
>
> —「입」 부분

> 우리가 정말 믿지 못하는 건

무너진 삼풍백화점 잔해 밑바닥에서 발견된
리베이트라는 검은 쇠사슬
민주정의당이라는 간판 뒤에서 삼킨 수천억 원 비자금
“공정한 심사”라는 플래카드 뒤에서 지폐 흔들고
춤추는 어지러운 손 그림자 때문

—「검은 그림자」 부분

낮에는 시각에 포착된 모든 사물이 명료하게 그 모습을 드러낸다. 풀잎들이 눕는 퍼포먼스를 보며 바람의 방향을 알 수도 있고, ‘나’ 를 바라보는 타자의 표정으로 타자의 마음을 읽을 수도 있다. 주체의 모든 감각기관에 포착된 타자를 통해 존재자는 공간 속에 자신을 정립하고, 세계 안에 자신이 존재한다는 의식을 발견하게 된다. ‘나’ 의 존재감은 타자 밖에서 정립되는 것이 아니고, 감각이 발견해 낸 타자 속에 있다. 그러나 밤은 나로부터 타자를 시각적으로 완벽하게 지워 버린다. 시각적으로 타자가 사라졌다고는 하지만 그 타자는 낮과 다름없이 존재한다는 것은 움직일 수 없는 사실이다. 그 밤에 눈을 감는 행위는 자신의 내면으로 가는 여행이다. 타자를 지우고 자신의 내면에서 “엄마 젖을 찾는 갓난아기의 (입)”을 떠올릴 때, 시적 주체의 감정은 존재의 한복판에서 아주 심하게 소용돌이친다. 완벽하지 않은 생명체가 살기 위해 “노란 주둥이를 쩍쩍 벌리고/ 저요! 저요! 저에게 먹이”를 달라고 소리칠 때까지 ‘나’ 는 생명에 대한 연민으로 가득 차 있다. 존재하는 현상을 그대로 바라보고 인지하는 ‘성찰’ 이 이타적인 감응으로 차고 넘친다. 하지만 눈 감은 상태에서 시적 주체가 "입이 찢어지도록 큰 멧돼지를 물고 있는/ 밀림 속 아나콘다의 (입)/ 물에 빠진 사슴을 향해 맹렬히 덤벼드는/ 아마존 강 피라니아 물고기의 (입)" 이라고, 새로운 공간을 열어젖히면 우리는 타자에 대한 불가해성 속으로 빠져들 수밖에 없다. 스스로 나와서 자라나는 자연 속의 타자는 과연 무엇인가.

자명한 것은 세계 속의 '나' 는 세계의 주체이며 동시에 타자이기도 하다는 점이다. 그러한 타자들은 부드러운 봄바람 속에 검은 그림자를 숨겨 놓고, 검은 손길로 기회가 되면 언제든지 '나' 의 목을 조른다. 이러한 현실 속에서 '나' 는 타자와 혼돈 상태에서 대면해 고통스러운 절규의 외마디를 지르는 것으로 세계의 내부로 진입한다. '나' 는 코스모스와 카오스가 뒤섞인 혼돈을 보았기 때문에 "우리가 정말 믿지 못하는 건/ 무너진 삼풍백화점 잔해 밑바닥에서 발견된/ 리베이트라는 검은 쇠사슬" 이라고 고통스럽게 진술한다. 코스모스가 사라지고 카오스만 존재하는 것은 "춤추는 어지러운 손 그림자 때문" 이다. 이것이 우리가 서로 믿지 못하는 이유다. 우리가 알 수 있는 세계는 일차적으로 감각에 감지되기는 하지만, 세상의 주체와 타자 모두를 안개처럼 은밀하게 점령한다. 동물은 감각기관으로 위험을 감지하고 본능적 행동으로 그것에 점령당하든지, 아니면 그것을 점령하는 것으로 상황을 마무리한다. 그러나 인간은 동물처럼 뛰어난 감각기관은 없지만, 현상계에 대해 심층적인 질문을 하는 존재다.

3. 두 번째 질문 : 지각의 세계

감각의 세계가 보고 느끼는 대로 반응하는 현상계라면, 지각의 세계는 감각 너머의 사건에 대해 인과성으로 분석하여 깨닫는 현상계다. 지각의 세계에 입장하려면 수많은 타자가 서로 부딪쳐 만들어 내는 흔적들에 대한 관찰과 이해의 과정이 필요하다. 지금 현재 막 나타난 그것이 자연현상이 되었든지, 아니면 인간이 만들어 낸 인위적인 사건이 되었든지, 정확하게 이해하기 위해선 기본적인 인문학적 지식이 필요하다. 인문학적 지식이 없는 자는 이해의 폭이 좁고 깊지 못해 충분히 알 수 있는 세계를 볼 수 없기 때문이다. 그들은 쉽게 이용당하고 결국에는 희생된다. 그런데 아이러니한 것은 그들은 이용당하거나 희생당하면서도 자신이 왜 그렇게 되었는지를 깨닫지 못한다는 데 있다. 모르기 때문에 자주 선과 악을 거꾸로 보고 행동하는 어리석음을 범한다.

분단을 조장, 이용하려는 자
분단의 쇠사슬을 공고히 하려는 자
통일을 방해하려는 자
불 뿜는 총구 받아라

—「분한 꿈」 부분

그러나 대명천지에 3대 세습 독재라니
누가 북녘땅 시계를 한 세기나 거꾸로
되돌려 놓았단 말인가

이제 스스로 일어설 힘조차 없는 북녘 동포들
교류의 중단은 결국 독재의 연장만 도와주는 꼴

—「반쪽 땅에는」 부분

시인의 무덤 앞에선 추도하지 마세요
그 무덤에는 주인이 없어요
죽어서도 그는 곧바로 방랑길 떠났으므로

—「시인의 무덤」 부분

시적 주체는 밤에 또 꿈을 꾼다. 낮은 모든 제도와 규범과 질서에 의해 지배받는 공간이다. 우리는 낮에 드러난 제도와 체제 속에서 다양한 가면을 쓰고 사회적 역할을 충실히 한다. 그러다 보니 진정한 의미의 자신은 낮의 햇볕 속에 녹아 없어져 버린다. 결국, 제도와 문화에 순응하는 가면 쓴 '나'가 있을 뿐이다. 그러나 밤은 어떠한가. 밤은 그러한 가면을 벗어 버리고 순수한 '나'와 대면할 수 있는 공간을 열어 준다. 어둠이 시적 주체의 내면에 있는 순수한 자아를 대면하게 한다. 그때 시적 주체는 역사적 현실을 인식하고, 역사가 가야 할 방향을 고민한다. 치열하게 역사적 좌표를 읽었지만, 현실에서는 그것에 역행하는 무리 때문에 문제가 발생한다. 시적 주체는 "분단을 조장"하는 자와 "이용하려는 자"가 있어 괴롭다. 분명한 사실은 통일국가로 우리는 가고 있는데, 거시적으로 보면 분단을 조장하는 자들은 역사적 죄인인데, 그 죄를 단죄할 수 없으니 원통할 뿐이다. 분단국 시대에서 통일국가 시대로 가는 길목에서 그 길을 방해하는 자에게 "불 뿜는 총구"를 들이대고 싶은 간절함이 시적 주체의 진술로 고통스럽게 나타나 있다. 한반도 분단 현실을 이용해 이념을 지배 이데올로기화 한 것은 남쪽이나 북쪽 모두 같다고 보아야 할 것이다. 북한에 대한 시적 주체의 "그러나 대명천지에 3대 세습 독재라니/ 누가 북녘땅 시계를 한 세기나 거꾸로" 돌려놓았느냐는 한탄이 가슴 아프게 들린다. 시적 주체는 깨달은 자의 시각으로 세계를 본다. 기득권층의 숨결은 날이 갈수록 불결하고 근육질은 더욱 단단해지는데, 의식이 깨어 있는 시적 주체의 정신은 날로 또렷해지고 있다. 그들이 허락하지 않는 문화 밖에서 시인은 "시인의 무덤 앞에선 추도하지 마세요"라고 간절히 부탁한다. 그들에 의해서 더럽혀져 있는 닫힌 문 앞에 서서 임봉주 시인은 삶의 의미를 찾고자 '시인의 무덤'이라는 화두를 꺼내 든다. 그대들, 시인의 무덤 앞에서 삶의 무거움을 깨달아라.

가난한 농촌 소년은
거대한 절벽 부엉이를 동경했다
청년 되어
더 높고 푸른 세상을 꿈꾸며
품속에 늘 부엉이를 안고 다녔다
지독한 최루탄이 난무하던 거리에서도
놓치지 않은 부엉이
꿋꿋이 풍운의 세월 헤치고
올망졸망 작은 소망들 손잡고 마침내 정상에 올라
수리부엉이를 타고 높이 날개 펼쳤지만

인습의 그물 뚫지 못하고
날개 접은 부엉이
세속의 것들 버린 채 고향으로 돌아온 지
일 년 후 이공공구오이삼 그날
이미 새장에 갇혀 버린 모습 거울에 비춰 본 후
감시자들의 눈을 피해
어둑새벽 부엉이바위에 올라가
부러진 날개를 온몸으로 펼쳤다
날아라, 아수라에 갇힌 땅을 박차라!
한 줄기 불빛이 하늘로 치솟아 올랐다

—「부엉이바위」 전문

부엉이바위는 그 단단한 몸짓으로 가난한 농촌 소년에게 "거대한 절벽 부엉이를 동경"하게 했음으로 비극적 표상이다. 부엉이바위에서 작지만 "더 높고 푸른 세상을 꿈꾸"었던 새로운 시대가 출발했고, 그곳에서 "인습의 그물 뚫지 못하고" 완성되지 못한 한 시대가 막을 내렸다. 노무현은 플라톤이 언급한 바 있는 동굴 속에서 묶인 포박을 풀고 동굴 밖의 세상을 본 죄인이었다. 동굴 밖에 나온 노무현은 "품속에 늘 부엉이를 안고 다녔"던 선각자이며, 조작된 그림자가 진실이 아니란 것을 꿰뚫어 본 깨어 있는 의식이었다. 동굴 밖에는 인권이 있었고, 가난한 자의 생의지가 있었고, 기득권의 추악한 유착이 햇볕에 날것 그대로 드러나 있었다. 그리고 동굴 밖에는 독재자의 가면이 벗겨져 뒹굴고 있었고, 강대국에 유린당하는 조국이 있었다. 노무현이 그것을 보고 동굴 안으로 돌아와 우리가 보는 것은 모두 헛것이었다고 외치자, 벽에 비친 그림자를 진실이라 믿었던 수많은 죄수들은 노무현을 위험인물로 취급했다. 노무현이 부엉이바위에 올라 "부러진 날개를 온몸으로 펼쳤"을 때, 우리의 날개도 함께 부러졌다. 동굴 안의 죄수들은 매일같이 세뇌되어 그림자를 진리로 알고 노무현을 부관참시 하는 행동을 서슴지 않아 참담한 현실을 만들어 놓았다. 진리로 알았던 세계가 갈라진다고 느낄 때, 그들은 상상을 초월한 고통을 느끼게 된다. 그들의 고정관념에 '불손'하게도 균열을 시도했다는 점에서 노무현은 잘못을 저질렀다. "이공공구오이삼 그날"은 역사의 바퀴가 뒤로 돌아간 날이다. 그대들, 노무현이 부엉이바위에 올라 그렇게 즐거운가! 정말, 그런가.

임봉주 시인의 시적 주체들은 끊임없이 질문한다. 감각의 세계에 비치는 거울을 깨뜨리며 추론의 능력으로서 이성적인 태도를 보인다. 주체의 감각이 역동성을 얻는 순간, 감각은 무너지고, 그 자리에서 인식의 능력은 한없이 확장된다. 지각은 세계에 널려 있는 개념의 조각들을 한데 모아 모자이크를 만든다. 그것을 종합적으로 보는 지각은 발전된 커다란 개념 앞에서 숙고한다. 그 단단한 반석 위에서 던지는 질문은 지성의 원리에 의해 작동하기 시작한다.

4. 세 번째 질문 : 코기토의 세계

데카르트가 『방법서설』에서 서술한 "나는 생각한다, 그러므로 나는 존재한다."라는 라틴어 명제의 약칭인 코기토의 세계는 알 수 없는 세계를 알고자 하는 욕망으로 가득 차 있다. 데카르트는 신을 몰아낸 자리에서 진리를 찾기 위해 모든 것을 의심하는 '방법적 회의'를 확고히 한다. 그는 감각이라는 자체가 언제든지 우리를 속일 수 있으므로 감각을 거부했고, 악마의 능력에 의해 속임이 가능한 수학적 원리도 거부했다. 그는 철저하게 철학의 제1원리로 코기토를 받아들였다. 데카르트 이후 이성은 신도 분석의 대상으로 삼았다. 이성은 모든 현상이나 사물에 대해 궁금증을 멈추지 않고 끝까지 해결하려 한다. 이것이 이성이 갖고 있는 본능이다. 이성은 알 수 없는 형이상학의 세계까지 알고자 했다. 바로 이 지점에서 칸트의 『순수이성비판』은 시작한다. 칸트는 알 수 있는 세계와 알 수 없는 세계가 있다고 이성 자체의 한계를 지적하고, 전통적 형이상학은 불가능하다고 선언한다. 그리고 알 수 없는 물자체의 세계는 자유의 세계라고 사유를 열어 놓는다. 이렇게 칸트는 형이상학의 세계를 믿고 싶으면 믿고, 믿기 싫으면 믿지 않는 자유의지의 영역에 놓은 것이다. 데카르트가 궁금증을 멈추지 않았고, 칸트가 자유의 세계로 열어 놓은 물자체의 공간으로 임봉주는 시인의 촉수를 들이민다.

임봉주는 현상이 있는데 알 수 없는 물자체의 세계를 느끼고자 한다. 시적 주체를 움직여 감각으로 지각되는 현상계를 있는 그대로 보고 느끼며, 그것 너머의 세계에 가고자 감성의 한계를 넘어선다. 과학적이고 물리적인 법칙 너머에 무엇이 있는지 알고 싶어 한다. 임봉주는 이러한 노력 끝에 미숙하나마 선험론적 세계를 보고 느끼는 데 성공한다.

아, 못다 한 혼령들 모여
기어이 피 토해 운다
아리고 쓰린 가슴 부여안고
막막한 허공을 떠돌더니
지나가 버린 생애 그 뒤안길에서
혼신을 불사르며 오열한다
(…중략…)
목이 메는 혼령들의 비애가 뒤엉킨
저 붉게 타는 노을 앞에 묵념하라
묵념하지 아니한 자
노을이 들려주는 장엄한 노랫가락 듣지 못하리

―「노을」 부분

노을은 그 진한 색에 의해 농도 짙은 설움이다. 노을은 대지의 생명에 에너지를 불어넣었던 이글거리는 태양이 마지막으로 토해 놓은 각혈이다. 그것은 최대한 입을 크게 벌려 태양의 에너지를 받아먹던 인간이 세상의 무게에 짓눌린 흔적이다. 시간과 공간 속에 한정되어 살아갈 수밖에 없는 인간의 삶은 언제나 힘겨운 저항에 부딪힌다. 삶은 때로는 아름답지도 행복하지도 않은 "아, 못다 한 혼령들 모여/ 기어이 피 토해" 우는 통곡의 장으로 설움 많은 공간이다. 인간의 삶이 무너진 자리에 "지나가 버린 생애 그 뒤안길에서/ 혼신을 불사르며 오열" 하는 넋들이 있다. 데카르트처럼 코기토의 세계에서 행복을 약속받았다고 생각했는데, 인간의 삶은 이성 밖에서 불가해성으로 아포리아를 만든다. 중세의 신학에서 벗어나 이성은 '방법적 회의' 로 출발하여 얼마간은 행복했다. 하지만 결국에는 믿음에 대한 배반이 일어났다. 인간의 삶은 자신의 탄생도, 자신이 세운 목표의 지향도, 그리고 삶의 끝도 남김없이 은폐시킨다. 임봉주 시인은 깊은 사유 끝에 "목이 메는 혼령들의 비애가 뒤엉킨/ 저 붉게 타는 노을 앞에 묵념하라" 고 당부한다. 알 수 없는 세계를 물자체 상태로 두는 것도 인간이고, 알 수 없는 세계를 볼 수 있는 자유의 상태로 접근하는 것도 인간이다. 물자체로 접근하는 방법으로 시적 주체는 묵념할 것을 명령한다. 코기토의 끝에 "노을이 들려주는 장엄한 노랫가락" 을 들을 수 있으므로.

한때 출가를 꿈꾸던
청춘이 방황하던 시절
찾아간 성불사成佛寺에서 노스님 말씀
"보아하니 출가할 사람 같지 않은데"
스님 예언대로 결국
세속의 인연 끊지 못하고 단념해 버린 출가
내 가슴속에 잠든 불씨는 늘
산속 절을 동경했네

—「불두화」 부분

꽃상여 타고 어머니 가시던 날
물결치는 푸른 보리밭 사이로
봄은 한창 짙어 가고
얄미운 신록이 더욱 서러워
목 놓아 나뒹굴던 그 길에
이젠 칡넝쿨 가시덤불 무성하다
묘지 옆 어리던 소나무 어느새 자라
푸를 靑 푸를 靑 큰 키로 하늘 가린다

—「한식날」 부분

출가를 꿈꾸었다는 것은 현상계 너머의 형이상학 세계를 이해했다는 뜻이다. 임봉주 시인은 감각으로 확인되었던 진실들에 대해 끊임없이 의심하는 것으로 방황했음을 시적 화자의 입을 빌려 진술한다. 감각의 포충망에 낚인 낱낱의 사실들에 대해 그대로 받아들여 고민하지 않았다면, 삶은 그만큼 가볍게 흘러가 물결처럼 가벼운 층위를 만들었을 것이다. 그러한 삶은 자신의 지배에서 벗어난 소멸하는 그것에 지나지 않는다. 「불두화」에서, 꿈꾸었던 출가에 대한 고민은 살고자 하는 의지였다. 그런 의지가 발현한 것은 현상계의 삶 속에서 확인된 가벼움으로는 생로병사의 무거움을 감당하지 못한다고 판단했기 때문이다. 방황 끝에 시인은 인연과 연기와 인과라는 물자체의 세계에 대한 고민이 산문 안에 있다는 것을 깨닫는다. 그러므로 시인은 "산속 절을 동경했네"라고 감응 상태가 되어 고백한다.

시인은 일체현상의 생기소멸의 법칙 밖에 서고 싶었다. 가슴 깊이 물자체의 세계를 코기토의 사유로 가 보고자 하였다. 모든 것이 생기거나 소멸하는 본질을 보고자 하는 쪽으로 끊임없이 임봉주 시인의 자아는 확장되었다. 불교에서처럼 인연에 의해 사물이 생기는 것을 연기라 할 때, 그렇게 발생한 나와 어머니의 관계 속에는 눈물겨운 의미가 있을 수밖에 없다. 어머니가 있었기 때문에 내가 있었다는 인식 위에서 현상을 수용할 것이기 때문이다. 시작도 끝도 알 수 없는 물자체의 세계 속으로 "꽃상여 타고 어머니 가시던 날" 에 세상은 햇볕 따뜻한 봄날이었다. 모든 현상이 솟아나는 "물결치는 푸른 보리밭 사이로" 한 생명이 현상계에서 사라졌다. 그 사라짐의 대상이 어머니였기에 "목 놓아 나뒹굴던 그 길에" 서 시인은 자신의 근원이 무너졌음을 알아차린다. 감각으로 지각되는 현상계를 시인이 의심할 때 길에는 "칡넝쿨 가시덤불 무성" 하게 새로운 생기소멸의 법칙을 만드느라 생명체들이 "푸를 靑 푸를 靑" 야단법석이다.

이처럼 임봉주 시인은 코기토의 세계에서 사유했고, 그 생각의 끝에서 자유의지에 의한 형이상학의 세계를 경험했다. 임봉주 시인은 "저물녘 앞 강물처럼 잔잔히 출렁" 이는 현상계에 대해 질문한다. 그리고 그 질문의 끝에는 형이상학의 세계가 물자체로 내재한다.

5. 질문의 시학

이 시집은 세계에 대해 질문하는 시들로 직조되어, 현상계로부터 시작하여 물자체의 세계를 관통하고 있다. 칸트가 적시한 알 수 있는 세계인 현상계와 알 수 없는 세계인 물자체를 임봉주 시인은 코기토의 사유로 고통스럽게 접근한다. 시인은 전통적인 서정시가 보여 주는 질서를 지키며, 서정시가 간과하기 쉬운 삶과 죽음에 대한 모험을 떠나는 데 망설임이 없다. 서정 시인들은 감각의 세계에 지나치리만큼 탐닉하는 경향이 있다. 하지만 임봉주 시인은 감각의 세계를 질료로 지각의 세계를 펼쳐 보인다. 그런가 하면 학문으로서는 형이상학이 불가능하지만, 시인의 직관으로는 가능하다고 우리를 유혹한다. 이 점에서 학자의 연구와 시인의 창작이 다르다는 것을 알 수 있다. 시인은 현상계에 대한 질문을 멈추지 않는다. 그 질문이 멈추었는가 하면 어느새 형이상학의 세계에 가 있다. 시적 주체들을 통해 밝혀내는 현상계의 의미와 형이상학의 의미가 시 속에서 현재진행형으로 진화하고 있다.

인간이 만들어 놓은 코기토의 사유로 탐험하고자 하는 가장 아름다운 형식이 '시'라는 문화다. 우리는 시를 쓰는 것으로 정신문화의 꽃을 이루었다. 인간은 감각으로 풀잎의 속삭임을 느끼고, 지각으로 영혼의 울림을 논증적으로 드러낼 줄 안다. 임봉주 시인은 시를 쓰는 고귀한 유산을 물려받은 우리가 "등단이다 미등단이다 폄훼하고/ 등단을 미끼로 잇속 챙기고 낚시질"(「허전한 꽃밭」)하는 잘못된 풍토를 비판하고 있다. 시라는 형식을 빌려 '상상계' 에서 사유하는 자유를 박탈하는 것은 분명 잘못이다. 하지만 현실은 그런 자들이 만들어 놓은 자갈밭이다. 사유하고 질문할 권리를 막지 말라고 말한다. 시를 쓰면 모두가 시인이다. 임봉주 시인은 현전하는 것과 현존하는 것에 대해 끊임없이 질문한다. 어둠이 거대한 날개를 펴는 밤이면 "달빛 비치는/ 강물"(「비애」)에 질문하고, 그 달빛 서러우면 지나간 날들을 떠올리며 "별빛 반짝이는 강물" 에 질문한다. 시인은 알 수 없는 세계, 즉 "우리, 어디서 왔다/ 무얼 하며 살다 가는 것이냐?" 고 물자체 속에서 질문한다.

임봉주 시의 주체가 세계에 대해 던지는 질문은 현상계를 딛고 있는 자가 형이상학의 세계에 대해 던지는 선험적 질문이다. 그 질문들 때문에 삶은 존재론적 의미를 확보할 수 있게 되었다. 시인의 질문은 세계 안에서 자아가 처한 아포리아에서 온다. 임봉주 시인은 시적 주체에게 영혼의 표현 수단으로서 세계에 질문할 것을 지시한다. 그것이 현상계이든, 아니면 형이상학의 세계이든.

시인 임봉주

해남 땅끝에서 출생하여 성장

1998년 시집 『지상에서 꿈꾸는 천상』 발표

2005년 『자유문학』 신인상 수상

2008년 시집 『꽃화살 바람의 춤』 발표

내항문학회 회원

한국문인협회 회원

인천문인협회 회원

풀잎은 나부끼고

지은이 | 임봉주
퍼낸이 | 김재돈
퍼낸곳 | 도서출판 시와시학
1판1쇄 | 2014년 7월 20일
출판등록 | 2010년 8월 10일
등록번호 | 제2010-000036호
주소 | 서울 종로구 명륜동1가 42
전화 | 744-0110
FAX | 3672-2674
값 8,000원

ISBN 978-89-94889-77-1 03810

* 이 책은 2014년 인천문화재단 창작기금을 받아 제작되었습니다.